講談社選書メチエ
691

天然知能

郡司ペギオ幸夫

MÉTIER

天然知能◉目次

ダサカッコワルイ宣言

本書で論じられるものは、天然知能という新しい概念です。天然知能は、人工知能の対義語として自然に根付いている知性、を意味するものではありません。決して見ることも、聞くこともできず、全く予想できないにもかかわらず、その存在を感じ、出現したら受け止めねばならない、徹底した外部。そういった徹底した外部から何かやってくるものを待ち、その外部となんとか生きる存在、それこそが天然知能なのです。

人工知能の対義語は自然知能でしょう。そうではなく「てんねん」は、天然が元来持っている、「ピントのずれた感覚・性格」を揶揄する、日常的に使う「あいつは、てんねんだな」の天然から派生する存在です。派生しながら、それを突き抜けていく。

「外部に生きる」ことと天然知能が、どう関わっているか。本書のテーマであるこの点について、簡単な枕を与えることにしましょう。

外部というのは難しい概念です。想定外で、何をするかわからない外部、なんてものを普通は忌み嫌いますし、興味も持てない、というのが一般の反応でしょう。生まれつきそのような、荒ぶる外部を伴う生を、生きている方もいるでしょう。そのような方は、本書を読む以前から外部を感じていますし、本書を読んで後、ますます外部を明確に理解できるでしょう。

芸術家とは本来、そのような外部への感受性に優れた人ですが、メディアアート、モダンアートの流行と科学化によって、疑わしいものとなっている。その根底にあるのは、人間の人工知能化、人工知能に基礎づけられた人間理解という転倒です。これはなかなか、シャレにならない。

本書では、自分にとって意味のあるものだけを自らの世界に取り込み、自らの世界や身体を拡張し続ける知性を、「人工知能」と呼びますが、それもまた、自分の「外部」を観察し、絶えず「外部」世界とやりあっていく知性のように、一見、見えてしまいます。

しかし、人工知能の「外部」は、自分にとって都合のいいものが集められた外部です。自分にとって意味のないもの、邪魔なものは、目にも入らない。知覚しないのです。いずれ自分の役に立ちそうなものだけが知覚され、自分の世界に組み入れられるか否か詮議される。そのような、括弧つきの「外部」を知っているだけで、冒頭述べた外部を理解した気になっている人たちの、なんと多いことか。

知覚できないが存在する外部、を考えるとき、童話やアニメでも知られる一休さんを思い出します。屏風に描かれた虎が夜な夜な出てきて暴れて困る、と嘯《うそぶ》く殿様に、タスキ掛けでねじり鉢巻をした一休さんが、「さぁ、今こそ虎を退治してみせましょう。屏風から出してください」と言うのです。

もちろん、一休さんの場合は機転の利いたトンチですが、知覚できないが存在する外部について、想像もできない人は、こう言うでしょう。「さぁ、その外部とやらを見せてください。見えれば、私でもわかります」。

そのような人たちは、想定できない外部、徹底して異質な外部さえ、等質化し、内側と比較可能でフラットなものに落とし、標準化してしまいます。そのような見方こそ、科学であると信じ、芸術の科学化を新しいアートだとさえ信じています。ただし、科学は、その先端において異質なものを受け容れるはずですが、多くの科学者は、等質的なものの中で量化し、比較し、評価することを科学と考え、既定路線に留まるのですから、それも無理からぬものがあります。

もちろん、メディアアート、モダンアートを、括弧つきの「外部」ではなく外部の問題として扱っている芸術家もたくさんいます。しかし、科学が芸術に絡んでくるとき、芸術を科学で扱うこと、科学の実験結果を芸術とみなすこと、がモダンアートだと考える人たち、形から入る人たちも極めて多いのです。彼らが扱うのは常に括弧つきの「外部」です。

知覚できないが存在する外部について想像もできず、自分に都合のいい「外部」だけを見聞きする人は、もちろん、ダサいことが大嫌いです。理想的に美化された自分に比肩するものだけで世界を作りたいわけですから。

もちろん私は、洗練された美意識一般を否定するものではありませんが、外部を「外部」によってのみ理解するような人たちに、まずは明確にその違いがわかるための言葉を贈ります。天然知能は、「ダサカッコワルイ」のです。

ダサいように見えて、実は、本当にかっこワルイ。いや、文字どおり、ダサカッコワルイのです。実はかっこいい、というような生易しさはありません。このダサカッコワルイところに、知覚できないが存在する外部を生きること、天然知能、のヒントがあります。

おしゃれなかっこよさは、自分に都合の悪いものは排除し、自分のコントロールできる範囲で、自分の世界に事物を配置することで実現されます。かっこいいは、そういった独我論的世界観、一人称的世界観に裏付けられています。かっこいい者にとって、外部なんて存在しないのです。

知覚できないが存在する外部、徹底した外部について考えることは、今こそチャンスだと思っています。海外では一斉に、思弁的実在論や新しい実在論といわれる哲学が勃興しています。それらを標榜する哲学者が、皆、言っていることは、「お前らが思ってきた外部は、所詮、自分と関係があるだけの特殊な外部、偽物の外部だった。本当の外部は、その外側にある」というものです。外部を「外部」と思う人たちは、これら哲学者の言うことを真面目に聞いてみるべきでしょう。

ところが、「本当の外部は、その外側にある」といった論調は、残念ながら天然知能にまで足を踏み入れていません。それは外部がある、と言っているだけで、外部を生きる次元に踏み出していないのです。もし踏み出したら、途端に「ダサカッコワルく」なりますからね。

さて、ダサカッコワルイことに踏み込む勇気はつきましたか。もしついたのなら、本書は、あなたに天然知能として生きる力を与えるでしょう。

本書の展開

一・五人称的知性としての天然知能は、「わたし」と無関係な、それ自体として存在する「わたしの外部の実在」を問題とします。「わたし」と関係のある、「わたし」に有用なものだけで構想される、そういった世界の、外部に目を向けます。

それは、最近話題の、新しい実在論や、外部の実在を構想する思弁的実在論と、密接な関係にあることが予想されるでしょう。ところがむしろ、新しい実在論の延長線上に、天然知能が位置することが示されるのです。つまり先にあるということです。

一・五人称的知性とは、知覚できないが存在する外部を、受け容れる知性です。それは一人称や二人称、三人称と、どう違うのでしょうか。知覚できない存在への感覚とは、いかにして可能なのでしょうか。それを理解するためのモデルは、うまい形に実装できるでしょうか。そういった点についても答えていきます。

本書では、知覚できないが存在する、という存在様式を認める知性について、一つの理論を提案します。このとき、「知覚できないが存在する」ことと、「存在するが知覚しない」ことの関係も明らかになるでしょう。提案される理論は、天然知能が天然知能として存在すること、わたしがわたしとして存在すること、の意味を明らかにすることで、「このわたしのため」「この世界のため」という、**閉塞した世界の向こう側**、意識＝世界に過ぎない世界の向こう側、を示すものとなるでしょう。

1

マネコガネ

——知覚できないが存在するもの

人工知能・自然知能・天然知能

夏の初めになると、道路脇の小さな崖に繁茂したマメ科の植物、そこに乗っていたマメコガネを思い出します。学生時代の通学路、職場に通った道と、場所は様々なのですが、いつも夏の崖は、縦横無尽に蔓を広げ、大きな分厚い、野生のマメ類に特徴的な緑の葉に覆われていました。そういった葉を見つけると、必ず葉の端や、蔓上の小さな芽などに、マメコガネを探したものでした。

マメコガネは、光沢のある茶色の背中（羽）が、やはりメタリックの緑色に縁取られた、大人の爪ほどのコガネムシです。何より魅惑的なのはそのポーズで、前から三対目の脚は、大きく上に持ち上げられたり、横にまっすぐ突き出されたりしているのです。前二対の脚で、葉や、他のマメコガネの背中にしがみつきながら、後ろの脚はしっかりと、華麗なポーズをキメている。

マメコガネは出初式をやっているに違いないのです。江戸の火消しは、いなせさと度胸を示すパフォーマンス、それに訓練を兼ね備えた形で、出初式をやっていたのでしょう。何よりそれは人に見せるものだったはずです。マメコガネの出初式は、誰も見るものがいない。抜けるような青空のもと、暴力的な緑の繁茂の上で、誰に見せるでもなく、いつまでも自慢のポーズをキメ続けている。いや私だけが、それをじっと見ていたのでした。出初式を真似するマメコガネ、だからそれはいつも、マネコガネだったのです。

さて、世界に対する対処の仕方は、三つに大別されるでしょう。人工知能の対処の仕方、自然知能の対処の仕方、天然知能の対処の仕方です。これを、身近な虫や魚に対する向き合い方において考えてみます。

第一に、人工知能です[1]。食べるためとか、害虫として駆除するとか、自分にとっての用途、評価が明確に規定され、その上で対処するという向き合い方が、人工知能の対処に相当します。それは一昔前の日本ではよく見られた風景の一部であり、むしろ動物的な気さえして、未来的な人工知能とはソリが合わないようにも思えます。しかし私はこれを、人工知能の思考様式に対応させたいと思います。なぜならそれは、自分にとって有益か有害かを決め、その評価のみで自分の世界に帰属させるか（食べて取り込む、益虫として利用するか）、有害なものとして排除するか（有毒なものを無視する、害虫として駆除するか）、いずれかに決め、自分にとっての世界を広げるものだからです。

第二に、自然知能です。ここでは、自然科学が規定する知能という意味で、自然知能という言葉を使います。自然知能という言い方は、様々ありますが[2]、本書で言う自然知能とは、自然科学的思考一般の事です。昆虫少年の思考様式が、自然知能の典型となります。自然知能に従う昆虫少年は、世界を理解するために、博物学的、分類学的興味から虫や魚に対処していきます。学名は無理としても、正式な和名を覚え、捕虫網を持って昆虫採集し、毒瓶で虫を殺して標本を作る。こうして世界に対する知識を蓄積していく。これが自然知能です。

第三に天然知能です。第一の人工知能が「自分にとっての」知識世界を構築する対処、第二の自然知能が「世界にとっての」知識世界を構築する対処であったのに対し、天然知能はただ世界を、受け容れるだけです。誰にとってのものでもなく、知識ですらない。或る場合には評価をすることがあっても、別の場合には一切無意味であるものも受け容れる。評価軸が定まっておらず、場当たり的、恣意的で、その都度知覚したり、知覚しなかったり。これが天然知能です。

子供の頃、ドブ川でナマズを捕っていた私は、天然知能でした。近所には里山が広がり、草深い土手に区切られた用水路で、フナやドジョウを捕っていた私は、食べるためでも、博物学的興味からでもなく、ただ魚を捕り、しばらく飼っては、近くの沼に逃しに行っていました。その地方では梅雨の終わりに大雨が降り、近隣の沼に棲息する大型のナマズ、ライギョ、五十センチにはなるだろう、コイが、近所の、江戸時代に作られた堀に流されてきました。

大雨の翌日は決まって快晴で、水の引いた堀の淀みに、ナマズやコイが、背びれを見せながら潜んでいました。それを小さなタモ網で掬い上げることの無上の喜び。堀の上から冷やかす大人の声も気にせず、当時は自転車さえ捨てられていた堀の中で、ただ魚を捕り続けました。帰宅するとタライに魚を放し、その背中をひたすら眺めました。

自然知能は、博物学的に魚を同定しようとしますから、ナマズやコイのイメージは常に図鑑に示されたような、横から見たイメージになります。人工知能では、自らの経験が作り出した用途でイメージが決まります。食べ物として利用するとき、ナマズやコイは三枚おろしや切り身であり、インテリアとして利用するときには、水槽の中で水草と一体になったイメージとなり、その都度、それ以上でもそれ以下でもないイメージが確定します。

天然知能が見るナマズやコイのイメージは、水面から見る影であり背中です。それは常に上から見た黒々とした流線型で、奥の暗がりからフッと現れ、また奥へと消えて行っては、天然知能を興奮させます。天然知能は、自分には見えない暗がり、どうなっているのかわかるはずもない**向こう側**からやってくるもの、向こう側へ行くものに興奮するのです。魚が向こう側との接点であるとき、自然の中で生きている姿を見るしかない。すなわち、私たちは、水中の魚を、上から見るしかないのです。

向こう側は、他人に聞いても誰にもわかりません。客観的に意味のないものです。だから自然知能は無視します。自然知能は、問題や謎として知覚されたものだけに興奮するのです。人工知能は、知覚できたデータだけを問題にしますから、まずはデータを見せてくれ、と言うでしょう。**見えないものに興奮するのは、天然知能だけの特権なのです。**

マメコガネに対して三つの知能はどう反応するでしょうか。人工知能は、この甲虫がマメやブドウに対する害虫となり得るものの、日本では海外ほど暴走しない、だから自分の畑もさほど荒らさない、その程度の害虫と判断するでしょう。もちろん、それは一つの人工知能の判断で、別の経験を持った人工知能は、別の判断をするはずです。色の綺麗なものは何でも収集する人工知能なら、マメコガネの羽を自分のコレクションに収めるべき、と判断するでしょう。人工知能に共通するのは、自らの経験によって鍛えあげられた一元的価値観で、全ての知覚されたものを評価するという点です。それは一般的には、自らにとって有益か有害か、という判断に帰着すると考えていいでしょう。

自然知能は、目の前の甲虫がマメコガネであることの確認に躍起になるでしょう。腹部を覆う羽は茶色でメタリックグリーンに縁取られていますが、頭部と胸部も緑色。腹は焦げ茶色ですが白い毛がたくさん生えています。こういった分類上の基準を満たすか否かで、マメコガネか否か判定されます。目の前の甲虫がマメコガネであったなら、世界に関する知識は再確認されますが、そうでない場合、新種の可能性さえ出てくる。こうしてマメコガネは、世界にとっての知識に寄与する材料となるのです。

天然知能は、目の前の甲虫を見て、知識としてマメコガネかもしれないと思いながら、マメコガネが、自分の知らないところからやってきた点に興奮します。マメコガネは、自分の知らないことを担いできたに違いない。出初式もその一つです。天然知能は、マメコガネと自分の出会いの中に、自分の知らない向こう側から、何かがやってくることを感じるのです。

天然知能として生きる

世界の真理としての自然知能、個の経験に依拠した素早い判断である人工知能。これらに対して、天然知能には、「てんねん」という音の感じからも、論理的ではない、愚直な感じがありますが、しかし同時に、底抜けに明るい、楽天的な、生きることへの無条件の肯定が感じられます。論理的に評価し、判断する能力としては、低いかもしれない。しかし本書では、天然知能だけが、自分で見ることのできない向こう側、徹底した自分にとっての外側、を受け容れる知性であり、創造を楽しむことができる知性である、ということを、示していきます。[3] 結果、天然知能は、**自分が自分らしくあることを、肯定できる、唯一の知性**なのです。

人工知能や自然知能には創造性がなく、天然知能だけが創造性を持つのです。なぜそう言えるのでしょうか。人工知能や自然知能は、知覚したものだけを自分の世界に取り込み、知覚できないものの存在を許容できません。そこには外部を取り込み、世界を刷新する能力がないのです。天然知能は、知覚できないものの存在を感じ、それを取り込もうと待ち構えている。この意味で天然知能は、自らの世界の成立基盤を変えてしまうのです。

人工知能と人間に、何か題材を決めて絵画を制作させ、一般にアンケートを取ってどちらがいいか選んでもらう。このようにして、創造性を評価しようものなら、人工知能はたちどころに、一般の人がいいと感じる絵画の傾向を学習し、それをもって、アンケート調査で勝つ限りでの、人間が描いたよりずっと「創造的な」絵画を描けるでしょう。優劣は、優劣の基準を決めない限り、存在しないのです。逆に決めたが最後、人工知能の一人勝ちです。

このような創造性は、外部から勝手に評価基準を与えた、擬似的創造性に過ぎません。当事者にとっては何の意味もない。多くの人が投票によって「創造的」と考える作品は、それを制作した当事者にとって、創造的ではないのです。人工知能や自然知能は、だから、創造性を楽しむことができない。

天然知能だけが、「創造を楽しむ」ことができるのです。だからこそ、天然知能は、自分が自分らしくあることを、肯定できるのです。ちょっと説明しましょう。


創造とは、今までなかったものを創ることです。別にあなたはアーティストでもないだろうし、創造なんて、と思うかもしれません。しかし、ただ毎日生きるだけでも、創造です。今までなかったあなたが、一瞬ごと、時々刻々と、創られるわけですから。

あなたは、創るということに対して、アーティストを思い浮かべ、「何かを創るなんてことは、そういうイメージを持っているアーティストだけの仕事だろう」、と思ったかもしれません。しかし、アーティストの頭の中にイメージが存在するとき、それは既に存在するものになってしまいます。自分の内なるイメージを外に出して形にするだけなら、それは創造ではありません。なかったものを創るとは、自分の知らない向こう側からやってくることを待つしかないのです。

自分からは感じることもできない、自分の知らない向こう側、これを**外部**と言うことにします。創造とは、外部からやってくるものを受け容れること、なのです。アーティストがイメージするものは、外部からやってくるものが降臨する場所、やってくるきっかけに過ぎない。[4] アーティストとは、平凡な私たちよりほんの少し、外部への感度がいいだけで、創造についてやっていることは同じ、外部を受け容れること、なのです。

その意味で、日々の食事も創造です。私は、インスタントの、袋麺の焼きそばが大変好きです。先日まで、調理方法の説明に従って、時間通りに麺をゆで、粉末のソースを混ぜて食べることが、美味しい食べ方だと思っていました。ところが先日、間違って早めに麺をザルにあげてしまい、まだ乾麺の縮れ具合がほとんど残ったままの、アルデンテよりもっと硬い麺を、食べる羽目になりました。麺を噛んでみると、麺の断面が頭に浮かびます。半透明の表面の奥には、粉状の白い、麺の芯がある。歯で芯を感じた私は、噛むと同時にその断面の映像が頭に浮かんだのです。しかし、その粉状の真っ白い映像と食感は、私に、小麦を感じさせたのです。こうして私は、ダイレクトに小麦を感じる、それまでにはなかった焼きそばの味を創造できたのです。

羊肉の記憶にも、創造の思い出があります。それまでは羊は臭みがあるという一般の理解を受け容れ、香辛料の利いたタレで食べるものだと思っていました。ところが或る日、羊の匂いはメロンの香りだ、と確信してしまったのです。自分でそう思い込むというのではなく、メロンの香りが突然やってきた。こうして、それまで臭い消しの必要だった羊肉は、メロンの香気に包まれた最高の肉となったのです。

天然知能は、かくして、自らにとっての外部を受け容れるわけですが、そうすることが生きるために得だとか、ましてや人に強制されるとか、そういうことはありません。何が外部かは本人しかわからないわけですし、それを受け容れる時の感覚も当事者しかわからない。不味そうな生煮えの麺にソースがまぶされた焼きそばの美味しさは、「これは小麦のダイレクトな味だ」、と確信した本人だけが知る味なのです。楽しめるか否かは、当事者にとっての問題で、表現の仕方の優劣とは無関係なのです。誰かに評価されることを目的にするわけでもなく、周りの目を気にすることもない。だから、自分にとっての外部を受け容れ続ける＝創造し続けることは、自分だけにおいて、自分自身として生きること、すなわち、自分らしく生きること、なのです。

自分らしく生きる者は、自分勝手で利己的な者でしょうか。逆です。周囲を気にせず創造を楽しむ者だけが、他者を受け容れることができるのです。あなたが気にする周囲は、所詮、あなたが既に気づいている、あなたの内側の者にすぎない。周囲を気にし続けるあなたは、外部を感じることができず、自らの内側に留まっているのです。

創造は、外部を問題にするのです。だからこそ、周囲を気にせず、まるで孤立して、一人で勝手に創作しているように見える者だけが、知覚し得ない他者を、受け容れることができるのです。自分らしく生きる者だけが、外部に対して開かれるのです。

今まで私たちは、あまりに人工知能的知性を、人間に課し過ぎていたのではないでしょうか。「知覚可能な全てを考慮して、総合的に判断する能力」、これのみを追い求めてきたのではないでしょうか。しかし、もはやそういうことは人工知能に任せておけばいい。私たちにはもちろん、人工知能的な部分も、自然知能的な部分もあります。しかし、今はまさに天然知能を全面展開するときなのです。

人工知能の時代は、なにも私たち自身に、人工知能化することを強いているわけではない。しかし、もともと計算機[5]や人工知能[6]は、人間の知性の機械化を目的としたのです。つまり人間は、自らを人工知能的知性だと思ってきたのです。だからこそ、私たち自身の能力を高めることが、自分たちの人工知能化に結びついてしまう。それは、とんでもない誤解を引き起こすことになります。

とはいってもまだ、人工知能、自然知能、天然知能の違いはぼんやりしたものでしょう。そこで次に空間把握から出発して、三者がどのような判断をするか、ざっくりと眺め、三者の違いを明確にしたいと思います。ここで理解の助けとなる概念が、一人称と三人称、そしてそのいずれでもない一・五人称です。

三人称的知性＝自然知能、一人称的知性＝人工知能

あなたは、小さな部屋と廊下が迷路のように錯綜した、一つの都市のようなサイズの、巨大雑居ビルで、出口を求め彷徨っているとしましょう。ドアを開けて或る部屋に入ってみる。そこは不規則な多角形の部屋で、壁は七面もあるでしょうか。部屋には乱雑に、机や椅子が積み重なっていて、見渡すこともままならない。壁の数が何面あるのか明確でないのは、そういった理由があるからです。果たしてあなたは、入口とは違う部屋の出口を見つけ、扉を開け外に出て、扉を閉める。あなたの視界は、先ほどは七面ほどだった部屋の中で閉じたものでしたが、今、目の前に広がっているのは、やや曲がっていく狭い廊下です。これを少し行くと突き当たりにまた扉がある。これを開け、入ってみる

と、今度は食料品の並ぶ部屋です。あなたはこれも通過して、さらに別の部屋に進んで行く。

第一に、この迷路のような状況で、あなたが自然知能を有しているとします。自然知能は、世界にとって真なる知識を模索し、常に真なる知識に近いと思われる世界を手中にしています。例えば、あなたの、その時その時における部屋や廊下の位置は、絶えずGPSを用いて、世界全体の中に埋め込まれ、あなたは、常に現在位置を把握しながら歩くことになる。それが自然知能の歩き方です。GPSによる位置情報が、世界にとっての真なる知識、ということになります。

世界全体という大局的知識があって、そこから部分部分を理解し、位置を把握していくのですから、基本的に迷うことはありません。こうして自然知能を持ったあなたは、巨大雑居ビルの地図を自ら作り、出口にたどり着くことができるでしょう。しかし、それでも間違うことがある。その雑居ビルは、実は、一部が吹き抜けになっていて、かつ天井の高さが一定していないのです。つまり一階を平面的に歩き回っているつもりが、いつの間にか、階段を登ることなく二階に来てしまうことがあり得るのです。

絶えずGPSで自分の位置を把握していても、所詮平面に投影した位置に過ぎません。あなたは一階を歩き回り、元の位置に戻ってきたつもりが、全く違う風景を目にする。GPSが故障したかとも思うのですが、このようなことを何度か繰り返す時、初めて、このビルの特異な構造に気づくこともあるでしょう。こうして、自然知能を有するあなたは、常に地図の全体を理解しながら、全体それ自体を劇的に変えるような認識を、経験することになるのです。しかし自然知能では、地図を作るという目的が変わることはありません。「もうこの辺に住みつくから、地図なんていらない」、といった質的転換はありません。

世界全体の、大局的知識に対する全幅の信頼があるからこそ、時として、局所的な不都合を見落としてしまうのです。不都合がかなり溜まったところで初めて、グローバルな知識の不備に気づき、その時これを変更できる可能性がある、というわけです。もちろん、それができず、地図は破綻するかもしれません。自然知能ですら、そういう危うさを持っているのです。

自然知能は、世界に対する正しい知識という意味で、客観的知識を指向し、自分はそれを所持していると信じています。その意味で、その知性は、三人称的な、「わたし」や「あなた」といった主観的な経験を無化したものだと言えるでしょう。

そこで自然知能を、**三人称的知性**と言うことにします。

第二に、あなたが人工知能を有しているとしましょう。あなたは決して世界全体に対する知識、世界像を持っていません。あなたは、あなた自身の経験をつなぎ合わせて、雑居ビルの必要な地図を作り出し、それを用いて出口を探して行くのです。扉を開け、ある部屋に入る。あなたは人工知能ですから、部屋の内部構造は、画像から速やかに計算し、正確に把握することができます。空間の全体に対する知識は持っていませんが、それを補って余りある速く正確な計算能力を持っているのです。

机や椅子に隠された壁の数も、隠れていない壁や、壁と壁の角度から、正確に把握することができます。その部屋の幾何学を把握し、部屋を出て扉を閉め、廊下に出る。人工知能であるあなたは、扉の面に直交するように部屋の外へ出、廊下の壁に遮られて壁沿いを歩く。この時、廊下の壁が、先ほどまでいた部屋の壁とどのような関係になっているか、簡単に計算できます。こうして、廊下は、先ほどまでいた部屋の壁に沿って延び、その延長線上にさらに延びていると判断されるのです。

人工知能は常に、現在目の前に広がる視界から得られた地理データと、以前の視界の地理データの関係を計算し、地図を拡張していきます。データとデータの関係を計算し、関係をもデータ化するのですから、絶えず、データの伸展、拡張だけが進められることになります。かくして人工知能は、**データの集まり**としてのみ、世界を把握するのです。

部分のデータは正確に測定されて得られ、データ間の関係も最適化されて得られます。だから、一階を緩やかな坂に従って歩いていると、いつの間にか二階になる、といった空間把握もお手のものです。自然知能のように、「世界全体に対する信頼を持っているが故に、局所的な不都合を見落とす」といったことは、人工知能にはないのです。絶えず、部分間の不都合を見出し、局所的に解決して、データの集まりとして世界を組み上げて行くのですから、一階と二階の特異な関係は、データの伸展、拡張だけで認識できるのです。

人工知能は、しかし知覚したデータだけから思考する＝計算するのです。この雑居ビルには特別な仕掛けがあって、実は、部屋の一部が回転し、さっきまで繋がっていた部屋への道を消すことや、今までなかった隣のビルへ通じる扉さえ出現させることが可能なのです。それは、人工知能であるあなたの現在地ではない、見ている部屋や廊下ではない場所で、あなたが知覚していないところで、起こるのです。

こうして、人工知能もまた、自分が作成した地図に関する矛盾に苛まれることになります。ただ自然知能と違って、GPSにおける自分の位置など、特権的に参照できる「全体」が、人工知能にはありません。地図上の矛盾は、想定される常識の範囲で解消される努力がなされますから、ビルが回転することより、あなたは自分の誤り、計算間違いや、自分の誤作動を疑うでしょう。ひとたび、自らの過ちが、矛盾の原因と考えられるなら、矛盾解消のための推論自体が疑わしいものになります。人工知能であるあなたは、かくしてパニックに陥ることになるでしょう。それが外から見て暴走に見えるか、フリーズに見えるかはわかりませんが。

人工知能は、世界にとっての知識ではなく、自分自身にとっての生活世界・知識を構築するのです。知覚されたデータを集め、繋ぎ合わせ、自分自身が活用できる世界として、世界を認識するのです。それは徹底した「わたし」の世界であり、一人称の世界です。

この意味で、人工知能を、**一人称的知性**と言うことにします。

一・五人称的知性＝天然知能

第三に、あなたが天然知能である場合について考えましょう。これは、一人称でも三人称でもない点が、理解の助けになります。そこで、一人称、三人称を援用しながら議論を進めることにします。

やはり、あなたが七面の壁を持つ奇妙な部屋から出るところを考えてみます。廊下に出る以前、あなたの視界は七面体の部屋に限定され、その向こうは見えませんでした。この部屋を出て廊下に出た瞬間、あなたの視界は、少し曲がりながら延びた廊下に限定されます。視界が境界づけられるという事実は、この迷路のような雑居ビルに限定されるものではありません。あなたの視界は常に、何かに限定され、無限に広がっているわけではない。その限定されて孤立した複数の視界を、あなたは何らかの方法でつなげなければならないのです。

三人称的知性である自然知能は、全体という特権的知識、世界中の者が共有することで客観的とみなせる知識、を有することで、これを参照しながら、孤立した視界を貼り合わせることができた。いわば世界全体の白地図が用意されていて、あなたは自分のその都度の知識を、あなたの位置情報を頼りに、白地図に貼っていけばよかった。

一人称的知識である人工知能の場合、白地図はない。しかし限定された、その都度得られる視界に関するデータは完全で、それを、他の既に知っているデータと関係づける計算も、論理的でかつ高速に実行されます。従って、壁の成す角度とあなたの歩行径路である正確なルートマップから、七面の部屋と廊下の位置関係は正確に割り出されてしまうのです。こうして異なるデータ間の関係が、またデータ化されるのです。

天然知能には、全体という知識はもちろんありませんし、ひとつひとつの部屋に関して、これをデータとして正確に計算することもできません。しかし、逆に、あまりにできないことが、自らの基盤への絶対的信頼を揺るがせ、自分の判断の外部を、呼び寄せることになるのです。自分の判断に自信がないから、常に「何か他にあるんじゃないかなぁ」と思っているということですね。

「他に何かあるんじゃないか」という感覚は、余白であり、糊代となります。七面の部屋と、その外にある廊下の位置関係について、「ほぼ部屋の壁に沿って廊下が配置されているようだ」、という判断はできたとしましょう。しかし天然知能は、「他に何かあるんじゃないか」という感覚を、七面の部屋と廊下の位置関係に、空間的な遊び、余白として設定することになるのです。この余白を糊代として、部屋と廊下の関係を糊付けしてしまえば、位置関係は固定されますが、天然知能はそうしない。糊代を関係の遊びとして、自由な可動領域として利用するのです。

異なる空間（七面の部屋と廊下）を、幅の広い糊代を使って重ね、とりあえず配置するのです[7]。とりあえずと言いましたが、いずれ正解が正しく把握されるか否かも覚束ない。逆に糊代を重ね、融通無碍に調整される、可動で、ダイナミックな地図が、ずっと維持される。だから、七面の部屋と廊下は、平行かもしれないし、直交しているかもしれないし、意外にも一階と二階に分かれているかもしれない。いちいち可能性をあげつらうのではなく、遊びの空間として設定する。それこそが、天然知能の地図なのです。

天然知能は、**一・五人称的知性**と言うことができるでしょう。一・五人称とは、「あなた」に対面する「わたし」のことです。「あなた」自身ならそれは二人称ということになります。しかし、今問題にしているのは、飽くまで、あなたと向き合っている「わたし」なのです。わたしにとって、あなたとは何でしょう。「あなた」は、一人称の複数である「わたしたち」ではありません。わたしとあなたの間に、何らかの相関などないのです。わたしとあなたの間に何らかの共同的場など一切ない。

あるならそれは「わたしたち」に回収され、一人称に回収されます。

あなたは、わたしにとって想定外の何者かなのです。驚くべきことをするかもしれない。驚くべきこと、想定外であることは、何か行為がなされて初めて知覚されることですね。しかし、知覚された行為に対してその都度対処する、それだけなら、一人称も三人称も同じです。なぜ一・五人称なのか。

それは、想定外の何者か、予期し得ないことが待ち構えているかもしれないにもかかわらず、その「あなた」と対面しているということを意味します。つまり目の前のものに対し、まだ知覚されていないにもかかわらず、予期し得ない何かが存在するだろうことを受け容れ、待っているのです。それがわたしの「あなた」に対する態度なのです。これが一・五人称的知性です。従って一・五人称的知性とは、「知覚されないものに対しても、存在を許容する能力」、と定義できます。繰り返しますが、一人称や三人称は、知覚されないものなど問題にしません。主体と関係づけられるものだけを、問題とする。知覚以前は知ったことではないのです。

私たちはどうしても、一人称的知性と三人称的知性だけで、物事を考えがちです。カーナビで、自分は動かず、地図の方が回転するシステムは、一人称的システムです。地図が動かず、自分の方が道に沿って動くシステムは、三人称的システムです。同じものを、別の角度から見ているだけで、ここで一人称と三人称は置換可能なものです。

カーナビではなく、現実に頭の中で地図を作る場合でも同じです。自分から見た風景（一人称的風景）が断片的に、バラバラに集まってきて、これらを辻褄が合うように貼り合わせ、客観的にどこから見てもいい地理（三人称的風景）を作り出す。そう考えてしまう。情報が十分存在する状態に向けて、一人称と三人称は同じものに収斂するのです。[8]

天然知能の地図（一・五人称の地図）は、まるで違います。風景の断片に糊代があって、そこで遊びをもたせて仮り留めされている。だからこそ、どこからでも見ることの可能な地理・地形図ができるのではないでしょうか。小さな間違いや、情報不足は、余白部分がうまい緩衝材となって調整してくれます。それが余白の力、一・五人称的知性の力なのです。

しかし、一・五人称的知性は、一人称や、三人称的地図を、それらとは別な形で実現するというだけではありません。「知覚されないものに対しても、存在を許容する能力」は、天然知能自身も意図しなかった展開へ、自らを投じていくのです。

地図を作りながら、雑居ビルを探索する状況をもう一度、思い出してみましょう。一・五人称的知性は、ある風景と別の風景の間に、余白を作り、広い糊代を作り、遊びを作り出します。その遊びゆえに、出口を見つけることには何の関係もない、人が通れそうもない脇道を見つけ、猫が昼寝する小さな坪庭を見つけ、崩れかけた定食屋から漏れ出す中華鍋の活気ある音に気づくのです。こうして、目に入らないはずだったものが、次々と目に入り、能動的に知覚されていくのです。

どうして目に入らないはずだったものが、知覚されていくのでしょう。それは「知覚されないものに対しても、存在を許容する能力」のおかげなのです。一人称的知性における雑居ビルの探索と比較してみましょう。三人称的知性については一人称と同様ですから省略します。一人称的知性は、自分に関する目的を設定しているのです。それは小さな目的としては、雑居ビルからの脱出ですが、もう少し大きな目的でいうと、「わたしが生きること」となるでしょう。わたしにとっての世界、わたしが生きていくための世界を、絶えず修正し、拡張しようと努力すること。これが、一人称的知性の根本原理ですから、わたしと無関係な存在は決して目に入らない。知覚されないのです。

ですから、一人称的知性にとって、知覚される対象や現象は必ず「わたし」に関係づけられる、という限定事項がついていたのです。すなわち一人称的知性にとって、無関係であるものは、知覚されないのであり、知覚されるなら、評価・判断されるのです。「世界内に存在するとは、知覚されること」なのです。だから、知覚されないものは、即、存在しないことになる。

一・五人称的知性は、自分と無関係なものの存在を認めています。自分と無関係なものが、世界の外部に存在する。だから、「知覚されないものに対しても、存在を許容する能力」は、目に入らないはずだったものを、能動的に知覚していきます。同時にその能動性は、自分とは徹底して無関係な外部に向けられるものですから、いかに能動的であっても、予定調和的な出会いを意味するものではないのです。

自分が通れない路地や猫の坪庭、中華鍋の音を、能動的に知覚する天然知能（一・五人称的知性）は、こうして出口を見つけるという目的に対してすら、「他に何かあるんじゃないか」を見つけていく。自分が通れない路地に何が通るのか観察を始め、いずれそこに観察小屋さえ建てて、住み着いてしまう。疲れると、猫の坪庭に行って猫を確認し、定食屋で中華鍋を振るう音に耳を傾けながら、アスパラガスが細かく刻まれたチャーハンを口に運ぶ。天然知能であるあなたは、脱出という目的も忘れ、しかし自ら作るダイナミックな一・五人称的地図を活用しながら、雑居ビルの住人となってしまうのです。

外部の存在を認める。これは空間把握に限定されるものではありません。知覚され、感覚されることがなくても、存在を認める。これこそが、天然知能の能力なのです。

「心のモデル」なんていらない

金子みすゞの詩に、テレビＣＭでも有名な「雀のかあさん」という表題の次のような詩があります。[9]

子供が
子雀
つかまえた。
その子の
かあさん

笑ってた。
雀のかあさん
それみてた。

お屋根で
鳴かずに
それ見てた。

人間にしてみれば他愛のないことに見える風景も、当事者の雀にしてみれば、その絶望は察するに余りあるものでしょう。雀の悲しみの深さは、鳴くことさえできない沈黙で、より鑑賞者に迫ってくるものとなります。

しかし、人工知能はそう思わない。詩に現れた文言だけを知覚し、その意味を解釈することになります。その限りで、我が子が拉致されているというのに、それを黙認する親雀は冷酷なものだ、さすがに畜生だ、ということになる。さらには、こういった詩を作る金子みすゞもまた、冷酷な人間だ、ということになるでしょう。

人工知能を構築する科学者は、認知科学や心理学に基づき、絶えず人工知能を改良してきました。雀のかあさんの心情を理解しない人工知能には、他人の心を理解する仕組みを植え付けようとするでしょう。それは、第一に「人の心」のモデルであり、第二に、自分の立場を他人の立場に変換する装置という、二つの原則から構成されることになります。[10]

外から見て、心があると思われる反応を作るのは簡単でしょう。例えば、悲しいという心情において、悲しみの程度に応じて、「うなだれる」「泣く」「嗚咽する」といった振る舞いの集まりを対応させれば、「悲しい」という条件のもとでの人の心的反応が概ねカバーできるでしょう。あとは、自分ではなく、相手の立場に立って心的反応を推定すれば、他人の気持ちはわかる、ということになります。この場合、雀のかあさんの悲しみも、簡単に理解できることが期待されます。

悲しい条件など、心的状態に対する心的反応のリストを用意すること。これが心のモデルということになり、これを参照して推定することが、人の心を考えることになるという按配です。

この理解の仕方は、一人称的知性から、三人称的知性への転回に他なりません。雑居ビルから脱出すべく地図を作ったことと、対比してみます。心のモデルを持たない一人称的知性は、参照すべき白地図を持たずに地図を作る、人工知能に対比されます。その都度得られたデータだけから相手の心を推定するのですから、「うなだれる」でも「嗚咽する」でもない雀のかあさんは冷酷だ、ということになる。この時、三人称的知性が有していた白地図が、他者の心を推定する場合の心のモデルに対応することがわかります。つまり白地図に相当する心のモデルを実装することで、一人称的知性は三人称的知性となり、他者の心を理解できる、というわけです。

しかし、心的条件と心的反応の対応リストとして、そもそも心のモデルなんて書き下せるものでしょうか。いかに膨大なリストであろうと、心的条件・反応の関係は網羅できない。リストという形式で限定しながらも、リスト外部の可能性に開かれることの構えを持つ、それこそが、他者の心を理解するということではないのでしょうか。

先にあげた心のモデルでは、「極めて悲しい場合、絶句して呆然とする」を、悲しみのモデルのリストに加えれば、雀のかあさんの心情が理解できると思うかもしれません。しかし、雀のかあさんの絶望は、さらに想像している以上に深いもので、だから逆に心的状態は乾き切っているかもしれません。絶句したり、呆然としたりする以上に、悲しい。それもまたあり得ることでしょう。

ある貧しい国の母親が、子供が手術しないと助からない、手術には五十万円かかると言われ、「わかりました。諦めます」と、機械的に、即答したとします。そこには絶望のあまりの絶句や呆然とした態度すらありません。しかしその母親は冷淡でしょうか。むしろ、圧倒的な絶望を、当たり前のものとして受け入れざるを得ない状況を、私たちが知らなかった、ことを改めて知るべきでしょう。つまり、「極めて悲しい場合、絶句して呆然とする」程度の心のモデルでは、社会・経済事情の全く異なる他者の心を理解することなど、全くできないのです。

一人称的知性に足りない「心のモデル」を付け加えれば、三人称的知性が実現でき、他者の心を理解できるだろう、という見込みは大きく外れることになります。私たちは、他者とのやりとりにあって、そんなことなどしていない。

私たちはただ、一・五人称的知性として、他者の心を慮るだけです。それは、「他に何かあるんじゃないか」という感覚で、外部を待ち構えるだけのことです。「お屋根で鳴かずにそれ見てた」親すずめに対し「何かある」と思い、「わかりました。諦めます」と即答する母親に対して「何かある」

と感じる。こうすることでのみ、私たちは「わたし」の外部に、受動的であるがゆえに能動的に入り込むことができ、他者の心にその都度触れると感じるのでしょう。まだ知覚さえできていない外部を余白、糊代として感受する態度こそが、一・五人称なのです。

芥川龍之介の小説に「手巾《はんけち》」という小編があります。[11]これもまた、雀のかあさんと同じ状況です。我が子を亡くしたばかりの婦人が、その子の指導教員だった教授を訪ね、子供のことを淡々と話す。その様子を訝しく思った教授が、しかしテーブルの下に目をやると、ハンカチを握りしめた手が震えていた、といったものです。

ハンカチを見なかったとします。亡くなったばかりの我が子のことを淡々と話す母親は、子供の死を理解できない冷淡な、心ない人間なのでしょうか。知覚できた事象だけで推論するならそうなるでしょう。しかし、我が子の死に際し、何もないと思うことは普通できず、悲しみに耐え、敢えて平静を装っている。通常、そのように考えるのではないでしょうか。

「**通常、そう考える**」という発想は、「私たち」という共通の場を開き、思いやりの場を開くように思えます。しかし共通の場を指定することは、特定の解釈を断定し強制することになりますから、一人称的知性に他ならないのです。

知覚された情報だけから「この母親は冷淡だ」と考える「わたし」の描像や、「逆に辛さに耐えているのだ」と考える「私たち」の描像も、一人称的知性に過ぎない。そうではなく知覚に対する解釈=性質を列挙すること、に自信が持てず、そこに「何だろう」が伴い続けること。これが、糊代をもたらす一・五人称的知性の核心なのです。

一・五人称は、他者や他人の心に具体的イメージを強いることがありません。ただ、「何だろう」と思うだけです。この「何だろう」が、想定できない外部に対する準備をする。それが、知覚できない外部の存在を受け容れる、ということです。一・五人称は、「何だろう」だけです。亡くなったばかりの我が子のことを淡々と話す母親、という「わたし」の知覚に自信が持てず、訝しく思う。それが、一・五人称的知性なのです。


もう一つ例をあげましょう。あなたは、どこか、避暑地のあまり利用されていない家屋を借りて、一週間ほど生活することになったと想像してください。水回りとガスレンジを備えた台所には、調理器具などほとんど何もなく、小さな鍋と食器、キッチンバサミが棚に置かれているだけです。あなたは、とりあえず、スープでも作ろうと、野菜とベーコンぐらいを買ってきましたが、使えるものは鍋とハサミだけという有様です。

ハサミで野菜やベーコンを切り、鍋に入れてハサミでかき混ぜるあなたは、一人称的知性を有した人でしょう。見える部分だけが情報のすべてなのです。とりあえず、シンクの下や小さな引き出しを開けてみるあなたは、見えていない、知覚していない外部を気にしていた。その結果、「何だろう」と思って開けてみたのです。もちろん、十分常識的な一人称的知性もまた、自らの経験から見えない部分を探すでしょう。しかしその場合は、見ていなかっただけで、最初から想定されていたのです。

一人称的知性と一・五人称的知性は、初めての経験において大きな差を作り出します。いままで、

「わたし」が経験も想像もしてこなかった台所の状況、例えば、冷凍庫の中に置かれていた包丁は、一・五人称的知性によってのみ発見されるでしょう。シンク下の引き出しに入っていた程度の包丁は、一人称的知性が有する、台所の記憶情報リストに残されているでしょう。だから見えていなくても、引き出しの包丁は知覚されていた。冷凍庫の包丁は、これに対して、リストには入っていなかったはずです。

わたしが経験しておらず、想定さえしていなかったような他者の悲しみは、想定される心のリスト（心のモデル）に収まっているはずもない。そのような他者の悲しみは、一・五人称的知性によってのみ、接近可能なのです。

悪夢とデジャブの違い

最後に、一人称・三人称的知性と一・五人称的知性との違いを、悪夢とデジャブとの違いとして、少し象徴的に描いておこうと思います。これによって、以後の章でも出現する一人称、三人称と、一・五人称について、イメージしやすくなるかと思います。

大福や羊羹、みたらし団子など、甘味といったら和菓子しか知らない人を想像してみましょう。和菓子しか知らないとはいっても、テレビなど様々なメディアを通じて、アンコ以外にも、クリームを用いた甘味が存在すること、和菓子もひっくるめてそういった甘味をスイーツというらしいことは、彼も知っています。

その彼の目の前にチーズケーキが置かれています。周囲の人たちの様子から、彼はこれがスイーツであることはわかっているのですが、どのようなスイーツであるのかはまるでわからない。ここにスイーツとしては既に知っている（既知）、しかしスイーツの細目に関しては知らない（未知）という状況が成立しています。

この状況に対する判断を、一人称的知性、三人称的知性、そして一・五人称的知性に分けて考えてみます。前の二つの知性は、知覚できないものは存在しない、と考える知性でした。それは知覚したものから構成される、記憶の世界でも同じことです。記憶の中から、自分が今思い出している領域とそうでない領域を分離しない場合には、全部の記憶が押し寄せて来ます。分離した場合には、思い出さない部分は存在しないものとされ、思い出した部分だけが的確に想起されます。一人称・三人称的知性は、「分離」の知性なのです。

一・五人称的知性は、知覚できない外部についても存在を受け容れる知性でした。これもまた、記憶の世界に適用されます。記憶の中から、自分が今思い出している領域と、そうでない領域とは、常に区別されているものの、思い出していない部分についても、何となくぼんやり繋がっている。分離する・しないのいずれかではなく、常に区別されながらも、繋がっている。一・五人称的知性は、不完全な分離を意味する、「区別」の知性なのです。

彼が三人称的知性を有するとしましょう。彼はチーズケーキをどう解釈するでしょう。三人称的知性は、分離の知性であり、かつ的確な分離を実現する参照すべき仕組み（例えばスイーツという概念と、具体的なスイーツの細目を、論理的レベルの異なるものと考える思考様式）を保持していますから、スイーツであることの知覚は、目の前の未知なるものに対するタグとなって残りますが、「スイーツであると知っている」という既知の感覚は、的確に分離されることになります。こうしてチーズケーキは、「未知のスイーツ」と解釈されることになります。

彼が一人称的知性を有するとしましょう。それは、的確な分離を実現できない分離の知性です。従って、知覚された世界の外部は、存在しないものとみなされますが、目の前のチーズケーキの解釈に対して、記憶の全てが動員されることになります。それはスイーツである。しかし何であるか同定できない。つまり自分のスイーツのリストに存在しない。すると、もしかして、スイーツではないのではないか。スイーツであることと、スイーツでないことは、こうして同時に俎上にあげられ、スイーツであるか否かさえ決定できないことになります。

極端な一人称的知性を考えてみましょう。それはスイーツかスイーツでないか、の決定に留まりません。それはスイーツでないとしたら、何なのだろう。猫かもしれない。しかし猫のリストにもない。では猫でないのかもしれない。いや猫でありスイーツであるという可能性はないのか。二つの性格の重ね合わせで、わかりにくいだけではないか。いやそうではない……こういったイメージの暴走が延々と続くことになります。自分と関係のあるものを、過剰に摂取し溜め込んでしまい、意味のない可能なデータの組み合わせが、野放図に実現される。[12]

これこそが、悪夢です。[13]人工知能が実現する、記憶の組み合わせの暴走をアートとして見せる試みが、ディープ・ドリームですが、それは一人称的知性のなせる業なのです。

彼が一・五人称的知性を有する場合はどうでしょうか。スイーツとしての既知、細目としての未知は、区別されるものの、共存し、微妙なバランスを取ることになります。だから、「未知のスイーツ」という形で、既知の感じを分離し葬り去る、三人称的知性の知覚ともニュアンスが異なり、チーズケーキは、「スイーツではあるけど未知の何か」といった感じで、知覚されることになります。それは、スイーツの既知性を伴った未知性なのです。「知っているけど、はっきりしないなぁ」という感覚が強く伴うのです。

既知と未知の微妙なバランスが少しでも崩れると、既知は未知と併置され、既知であり未知であるという不可思議な状態が現れます。それがデジャブ（既視感）と呼ばれる感覚です。[14] どこか旅行に行って、初めての神社を目にし、初めてその神社の狛犬を見たはずなのに、過去に見た気がする。初めての経験に、何か経験したことがある、ここへ来たことがある感覚が伴う、それがデジャブです。

本当はどこか別な世界で経験していた、というならオカルトですが、デジャブはそんなことを考えなくても、説明はつきます。初めての体験という知覚に、同時に何か懐かしい感じを伴わせさえすればいいわけですから。

ではどのように、未知であるという感覚に、既知である際に出現する感覚が伴うのでしょう。それをうまく説明するメカニズムが、一・五人称的知性なのです。

目の前の未知のスイーツに、スイーツの既知性が覆いかぶさり、感覚を乗っ取ろうとする。もし完全に既知の感覚が略奪するなら、「知っているはずのスイーツなのに、思い出せない」という感覚を持つでしょう。そうではなく、未知であることを自覚しながら既知の感覚を持つ。ここにデジャブが成立するわけです。つまりデジャブは、一・五人称的知性が有する不完全な分離＝区別によって生み出されるのです。[15]だから逆に、分離の知性である一人称・三人称の知性は、デジャブを生み出し得ない。

　デジャブには、何かしら懐かしさが伴います。それも、一・五人称的知性だからこそ理解できます。全ての区別は、不完全な分離なのですから、目の前の何か（チーズケーキ）は既知感を伴い、既知感は、そこから派生する懐かしさの感覚を伴い、さらに懐かしさは、そこから派生する、そこはかとない幸福感をかすかに伴うのです。これらが完全に分離できないからこそ、デジャブは幸福感を伴う懐かしさと共にあるのです。

　一人称は悪夢をもたらします。三人称は、原理的に悪夢を生み出すのですが、それを阻害するような仕組みが備わっています。一人称や三人称は、デジャブを生み出さない。一・五人称的知性は、知覚不能な外部に対しても存在を許容し、外部との不完全な分離を保つがゆえに、組み合わせの暴走としての悪夢を生み出さず、デジャブを生み出すのです。

2

サワロサボテン

——無意識という外部

第一章で私は、天然知能とは一・五人称的知性であり、知覚できない外部に対する感性だ、という言い方をしました。それは、「自分が自分らしく生きること」であるとも言いました。自分らしく生きるとは、しかし、どういうことでしょうか。「自分のために生きる」ことでしょうか。

学校や会社の中で、周囲に気を使いながら生きることに疲れ、公の自分を維持することに疲れ、自分だけのために生きたい。しかし周囲を無視し、コミュニティーを無視し、自分だけのために生きるなんて気が咎める。そういった状況にあって、「いや、いいんですよ、自分のためにだけ生きて」と言われたい人は多いかもしれません。

利己的なことがよくない、などと頭から否定することを、私は考えません。「自分らしく生きること」が、「自分のためにだけ生きること」ならば、それでいい。それでよければ、何も問題はないでしょう。

しかし、「自分のために生きる」という言い方の中には、目的となるべき自分が明確で、自分のやりたいこと、好きなことが明確で、それは自分において完結していることだ、との前提があります。そうなのでしょうか。

自分らしく生きるということは、「わたし」の思うように生きることでしょうか。そんなに「わたし」のしたいこと、やりたいことは明快で、確実なものでしょうか。確実そうに思えば思うほど、逆に「わたし」の中には、何もないことがわかったりしませんか。好きなことや、やりたいことでさえ、実は知覚できない、わたしにとっての外部なのではないでしょうか。

　脳科学、意識科学は、「わたし」とは何か、「わたしという意識」とは何か、を解読しようとしています。[1]それは、主観としての一人称的知性を、客観的に理解しようという試みです。「わたし」だけの瑞々しい感覚、「わたし」だけが知る痛み、を誰にでもわかる形で理解することがその目的です。[2]人工知能は、一人称的知性として作られようとしています。[3]人工知能という情報処理システムは、自分（システム自体）にとって都合のいいように世界を把握していきます。その限りでの一人称で、主観的感覚を問題にする必要はありません。ただし、主観としての一人称的知性も、人工知能としての一人称的知性も、両者は同じ一人称的知性に収斂します。

　つまり、現代は、こぞって一人称的知性へ向かおうとしているのです。それはまるで、社会全体が、「自分のためにだけ生きること」を正当化するかのようです。

　ところが、一人称を徹底的に正当化しようとすると、一人称と三人称は同じものに収束し、その収束点を突き破って、一・五人称が現れるのです。そこにこの社会の希望がある、と思います。だから、本章では、わたしの意識・主観的感覚、という一人称的知性の徹底からとりあえず始め、それを突破して現れる一・五人称的知性を解読することにしましょう。

ツーソンのサボテン

私は、米国アリゾナ州の州都ツーソン郊外にある、サボテンだらけの小山を、ひとり登っていました。山頂には、赤く塗られたアリゾナ州の頭文字、Aが大きく掲げられ、京都の大文字焼に似た形態を持ちながら、そこに落ち着いた風情など一切ありません。斜面は、ごつごつした火山岩と棘だらけの灌木に覆われ、ところどころに四、五メートルはあろう大きなサボテンが屹立しています。サボテンはサワロサボテンという、この地の固有種らしいものでした。

やや階段状の、部分的には一、二メートルの壁を成した火山岩をよじ登り、棘だらけの枝を手で束ねて上方に押し上げては、その下を潜り抜ける。ごそごそ音がするかと思うと、下草の間を乾いた色の鳥が、飛びもせず、走り去っていくのが見えます。太陽は鈍い青灰色の空から、無表情に照りつける。山頂へは、螺旋状に迂回する車用の道路を使えば行けるようでした。なぜそれを使わないのか。もとより、山頂に辿り着こうとは思ってもいません。山肌を直上し、疲れ果てたところで休憩し下山する。はなからそういう思いつきで登り始めたのです。

なぜこの山を登っているのか。ツーソンのダウンタウンをブラブラして、本日投宿するモーテルを地図で探すと、思いのほか遠い。実は滞在の予定を一日間違えていて、最後の一泊のホテルがなく、そのモーテルは先ほどネットで予約したばかりだったのです。場所はうろ覚えで、とりあえず移動したものの、流しのタクシーも見当たらず、困り果てていました。

そこへ三歳ほどの子供を連れた、メキシコ系の女性が、自分の大型のバンを指さし、ホテルが遠いなら送っていってやると言う。いや結構遠いのだと言うと、帰り道だから大丈夫だと言う。知らない人の車に乗ってはいけませんと、小さいころから言われ続けたものですが、彼女は幼児も連れていることだし親切そうです。その女性は本当に親切に、モーテルまで送ってくれました。その道すがら、頭文字Aを掲げた小山が望まれたのです。山は眺めがいいし、登ったほうがいい。そう、勧められたのでした。

棘のある灌木はますますその種類も数も増し、なんとも立ちいかなくなってきました。遠くにダウンタウン、その更に背後には、レモン山というスキーやバックパッキングで賑わうらしい山並みが見えます。そう、昨日まで、その山の麓にあるリゾートホテルに毎日通っていました。意識に関する国際会議が開かれ、連日、講演やポスター発表がなされていたのです。私の今回の渡米の目的も、その会議に参加することだったのです。

ツーソンでは、二年に一度、意識に関する国際会議が開かれます。[4] 意識や心、このわたし、三人称ではない一人称の主体性。これらは、世界を客観的事物として扱う自然科学に、どうにもなじまない。他方、科学は多くの事物、事象の記述や説明に成功してきており、原理的に説明できないものなど、あるはずがない。科学者の多くはそう考え、その限りで、意識の科学は、最後のフロンティアとも考えられてきました。

果たして意識は、科学が説明するべきものの中に含まれるのか、それとも逆に、意識を包摂するべく科学は拡張されるのか。

「この問題は、みんなが思っている以上に難しい問題だ」と宣言した者、「いや驚くべき解答があるのだ」と考える者、「答えは瞑想の中にある」、そう思う者。そういった研究者が一堂に会し、問題としての整備の仕方、解き方を考える。この国際会議は、そういった会議なのです。そのあまりの多様さに批判も少なくはない。もはや科学とは程遠いと言い、敬遠する研究者の声も耳にします。そのような状況の全体が、この、ツーソン国際会議であるということになります。

ツーソンのモーテル

ツーソンの国際会議は、まさに一人称的描像と三人称的描像とのせめぎ合いでした。[5] あまり専門的に説明すると、退屈でしょう。話をちょっと戻し、看板Aを掲げた山に私が登る前、モーテルに到着したあたりまで遡って、そこでの出来事を例に、会議で議論されていた三人称的描像と一人称的描像について述べることにしましょう。

ここで示す三人称的描像[6]は、いわば不徹底な一人称として得られるものです。一人称とはいっても、三人称的描像で十分記述できるだろう、というものです。だから、これを踏まえることで、逆に一人称を徹底させるということの意味が、明確になると思います。

モーテルは、広い敷地に二階建ての長屋状の建物がいくつか並び、中庭にはプールもありましたが水はなく、長く使われていないことを物語るように、土埃が溜まっていました。モーテルの風情は、コーエン兄弟の『ノーカントリー』[7]や、タランティーノの『パルプ・フィクション』[8]に出てくるような、つまり乾いた犯罪映画で犯人が逃避行の際に利用するようなモーテルでした。

前払いだというのでカウンターに行くと、手続きに手間どって、何人か既に待っています。そのいでたちは、Ｔシャツやタンクトップなのですが、全員、胸や腕に星やら蛇やらの刺青が広がっていました。ツーソンはメキシコに接したアリゾナ州の州都ですから、皆さんメキシコ系という顔立ちです。にこりともせずに突っ立った男は、メキシコ系の渋い悪役、ダニー・トレホ[9]にそっくりでした。私は、「これって結構、やばいところに泊まっちゃったかな」と思いながら、目の焦点を合わせず、「私は何も関心を持っていません」というように、自分を透明な存在にしていました。

そこへ、二本の杖を両手に持ちながら、ゆっくりゆっくりとこちらにおばあさんが向かってきました。すると突然、トレホはガラス扉に向かい、腕で押してドアを開け放した状態にしたのでした。おばあさんは軽く会釈をしたものの、こちらもにこりともせずゆっくり、ゆっくり室内に入ってくる。トレホは見回すように外を眺め、おばあさんがすっかり室内に入った後、扉を閉めて壁に寄りかかったのでした。

室内の状況は、先ほどとあまり変わっていません。しかし私の心は大きく変わりました。先ほどまでの、危ない場所ではないかといった不安は解消され、すっかり余裕が出てきました。刺青や、トレホ風の顔立ちは、今やメキシコの情感を味わう重要な風景要素となり、安心感のあまりか、急に食べ物のイメージが頭に氾濫しました。

思い切り塩辛いだけのベーコンに蜂蜜をかけたものや、豆のペーストや、あまり好きではない、しかし今は美味しそうにさえ感じる、まるで加賀野菜のように太いキュウリや、そういったものを頭にかすめさせながら、自分がこの風景の一部になる気さえしたのでした。食べ物のイメージは、安心しきったことで、これからこのツーソンで何を食べるか、そういったことが一気に押し寄せて来たからかもしれません。その土地らしいものを期待するということが、私にとって、安堵や余裕の象徴でもあったのでしょう。しかしそれは全く予期していなかったイメージでした。

こういった私の心情の変化は、外から見えるものではないでしょう。私だけのもの、私に固有の感覚です。しかし私の感覚も、所詮は脳の活動、神経細胞の活動です。何かを見て、視覚に関与する視床下部、第一視覚野と呼ばれる脳の部位が、電気的に興奮し、それらの「見え」に対する解釈として、前頭前野や頭頂葉が興奮し……という電気的興奮パターンの時間変化が、進行するだけのことなのです。それは、電気的に興奮する・しないという神経細胞が作り出すパターン、量的なパターンに過ぎないのです。

神経細胞の電気的興奮パターンによって、概ね、私の感覚を外部から知ることもできるでしょう。それは意識において、一人称を主張するのではなく、一人称を客観的に記述するという意味で、三人称に置き換えるという話になります。意識を一人称的知性とみなしながらも、三人称的知性に置き換える。そのような三人称的知性の在り方は、一人称的こだわりや「わたし」に固有の感覚を、ノイズだと思って無視することになります。このような三人称的知性の解読の仕方の一つが、**統合情報量**と呼ばれる情報量で、意識を外から見るという試みになります。

　統合情報量は、意識的活動を客観的に記述しようとします。まず、脳に現れる風景を二つに分割し、それぞれどのような感覚をもたらすか考えてみます。この二つの感情を合わせて、「足し算としての脳」のもたらす感覚を考えておきます。次に、分割しない全体の風景が、どのような感覚をもたらすか考えます。これが「全体としての脳」のもたらす感覚です。

「足し算としての脳」と「全体としての脳」のもたらす感覚に違いがなければ、脳の働きは、所詮、部分に分けて考えられます。鍋を水で一杯にするとき、一度に水道から水を注いでも、二回に分けて入れても、同じことですね。このとき、「分けて考えられる」ことになります。

「分けて考えられない」とき、その感覚をもたらすのに、脳の全体が使われたことを意味します。意識や心とは、そのような、「分けて考えられない」働きだと考える。それが、統合情報量の基盤にある仮説なのです。分けては考えられないものが、生命であり、意識である。システム論を基礎にした、古いけれど真っ当な定義のような気がします。しかし、分けるための**全体**を規定し、その外部を問題にしません。以下でもう少し見ていくことにしましょう。

　ここで、脳に現れる情報とは、頭の中で想像される風景と、そこから喚起される感覚だと思ってください。

おばあさん出現以前の、私の感覚について、統合情報量を使って考えてみましょう。トレホの含まれる風景と、それ以外の男たちの風景とに二分割してみます。トレホの含まれる風景は、緊張感をもたらしました。それ以外の男たちの風景も緊張感をもたらしました。二つを合わせた時、やはり緊張感をもたらすことになります。つまり「足し算としての脳」のもたらすものは緊張感、ということになります。

今度は分けずに風景全体を考えてみます。トレホとそれ以外の男たち、この全体の風景を考えても、やはり緊張感がもたらされ、「全体としての脳」のもたらすものも緊張感ということになります。つまり、「足し算としての脳」と「全体としての脳」に違いはない。すなわち、この場合、心は部分に分割でき、本来の心らしくない、と考えることになります。

おばあさん出現直後の状況について考えてみましょう。ここでもトレホの含まれる風景と、それ以外の男たちの風景とに二分割してみます。後者の風景にはおばあさんも入ってきます。各々を分けて独立に考えると、トレホだけの風景は緊張感を生み出すだけですし、トレホ以外の風景も緊張感を生み出すだけです。ここでは、トレホとおばあさんが分割されるから、二人のやりとりは風景に入ってこないのです。両者の情報を合わせた「足し算としての脳」は、緊張感を生み出すと解釈されることになります。

しかし、両者を分けずに一緒に考えた時、初めて、おばあさんとトレホの間のやりとりが現れることになり、緊張感ではなく、安堵感、余裕が見出されることになります。「全体としての脳」のもたらすものは、安堵感、余裕ということになる。はたして、「足し算としての脳」と「全体としての脳」

に大きな違いが見出されることになります。

分割された時には見えなかった驚きが、全体を見て初めて現れる。統合情報量は、全体として初めて現れる驚きを、心らしい特徴、として評価するのです。つまり、ここに現れる突然の安堵感や余裕は、人間の心の働きらしいものだ、というわけです。そしてそれは、脳の活動を外からモニターするだけでわかるのです。これが心や意識の、三人称的描像ということになります。

緊張感と不安に満たされた風景と、安堵感と余裕で満たされた風景。その変化は、どのようにもたらされるのでしょうか。視覚的に捉えられた風景と感覚の対応関係、それは辞書に載せられた、言葉と意味の対応関係のようです。すると、緊張感の風景が安堵感の風景に変わったということは、何か辞書のページが変わったようなものと考えられます。ただし、辞書における文字は、神経細胞の興奮状態パターンに、置き換えられています。

わたしの風景と感覚の関係も、予め対応関係が書き下されているわけではありません。ページを繰る操作は、神経細胞における情報処理に置き換えられます。特定の視覚的風景が、神経細胞の特定の興奮パターンに置き換えられ、このパターンを別の脳の場所に送って、変化させる。それが情報処理です。それは、広い意味での計算ですが、脳では、辞書のページとして書き下されたものが、このような情報処理に置き換えられている、と考えればいいのです。

だから、視覚的風景と感覚の関係は、辞書における言葉と意味の関係に置き換えられます。脳の状況の違いが、ページの違いです。これを本書では、「文脈が違う」と言うことにしましょう。例えば、同じ「一週間」でも、厳しい業務や試験勉強の一週間と、休暇の一週間では意味がまるで違う。「一週間」を取り巻く状況が異なるからです。文脈とは、言葉を解釈する人も含めた、言葉を取り巻く状況のことです。

すなわち、統合情報量を用いた一人称的意識の三人称化とは、感覚や感情の**言語化**と言っていいでしょう。何を感じているか言語化し、それを外から眺められるようにする。それが心や意識の、三人称化なのです。

辞書のページを繰って、言葉と意味の対応関係が変わる様子を図2－1に示しておきましょう。まず左半分の図を見てください。二つの円は線で結ばれ、向きの異なる矢印を伴っています。左下の円の中には、視覚的に捉えられた、具体的な風景が書かれています。これに対応する、そこからもたらされる感覚・感情が、右上の円の中に書かれています。

視覚的風景が、感覚・感情をもたらしたわけですから、風景から感覚・感情に向けて「もたらす」矢印が示されています。逆に、得られた感覚・感情は、その感覚・感情をもたらした原因となる風景を指し示している、とも言えるわけで、「指し示す」の矢印が示されています。まさに辞書に載っている、言葉と意味の対応関係のようです。

図2－1の左では、仏頂面のトレホによるわたしの風景が、不安感・緊張感に対応づけられています。このような対応が、辞書のページをめくって別のページになったように、図2－1右では、おばあさんとトレホによるわたしの風景が、安堵感・余裕に対応づけられています。わたしの感覚は、わ

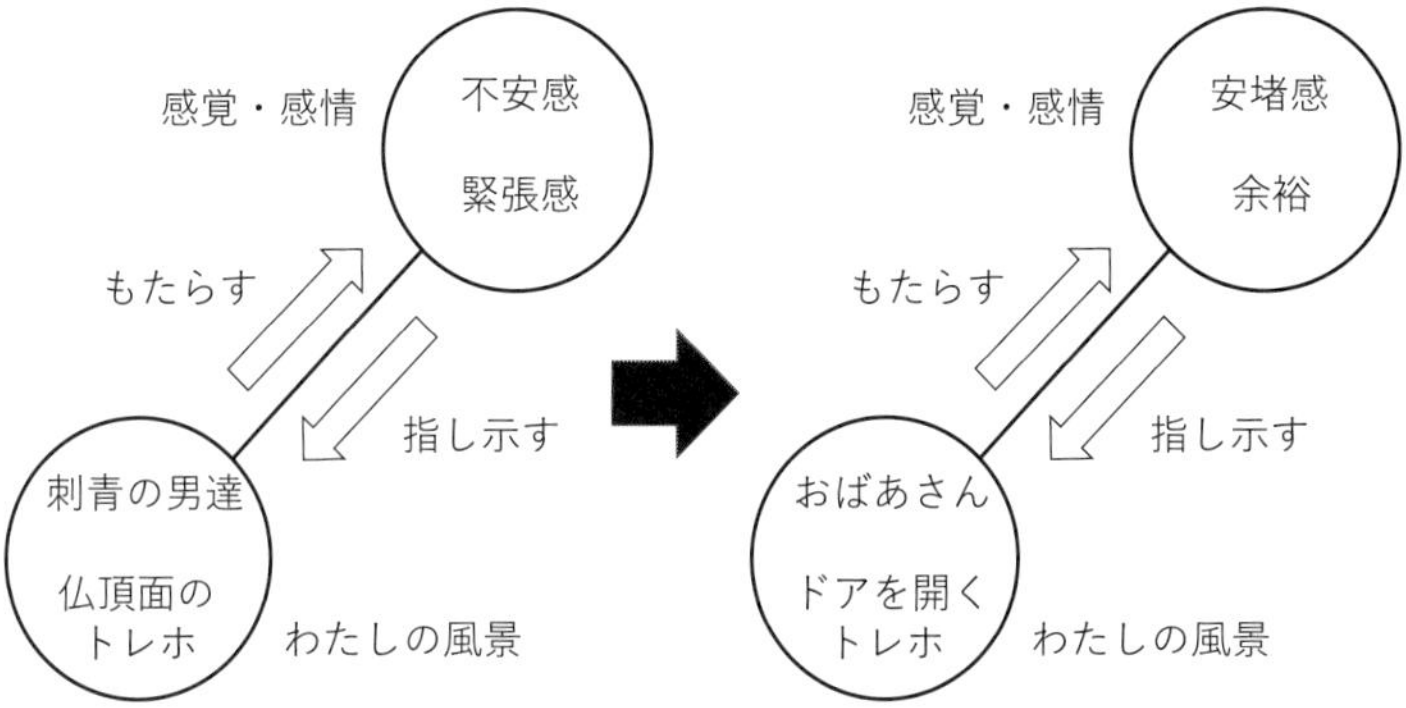

図2-1　統合情報量による図解
不安感・緊張感をもたらした、わたしの風景から、安堵感・余裕をもたらした、わたしの風景への変化。円の中の風景、感覚、「もたらす」ことと「指し示す」ことの関係など、図の表示の仕方に注意してほしい。

たしに知覚される風景との対応関係を集めた辞書のようなもので、その壮大な辞書に基づき、わたしは、わたしの感覚を自己判断する、かのように思えるのです。知覚されたわたしの風景が原因となって、感覚・感情をもたらす時、逆に感覚・感情は原因を指し示す。これがその、対応関係の意味するところです。

このことは、感覚・感情が、最終的なタグ（単なる札）となっていること、タグをもたらすまでの、わたしの様々な微妙な感覚も、最終的なタグの原因と見なされること、を意味します。おばあさんの方に歩いていくトレホを見て、あれ、何をするつもりなんだ、大丈夫か、危害を加えないよな、おや、まさか、逆にいい人だった、と続く心の細かな動きや、これに伴う動悸や安堵、それらが最終的に「安堵感・余裕」とタグづけされた時、逆に「安堵感・余裕」によって説明されるのは、そこに至る現象の全体、ということになるのです。

こうして主観的感覚に基礎づけられた一人称的意識は、三人称化されてしまいます。三人称化とは、「わたし」の固有性を無視し、複数のわたしの共通部分として「私たち」を立ち上げることです。いかにも一人称的な、不安感・緊張感から、安堵感・余裕への変化は、辞書のページを繰る、操作として実装され、脳の外部から脳波を計測し、数値化することで表せることになります。この操作を機械的操作として実装すれば、そのまま人工知能となるのです。これが統合情報量から意識へのアプローチです。統合情報量において、もはや三人称的知性と一人称的知性の間に本質的違いはありません。それをここでは、「一人＝三人称的知性」と書くことにします。両者の違いは、辞書の根拠を個別的なものに求める（一人称）か、より共通の根拠に求めるか（三人称）ぐらいの違いなのです。

しかし、統合情報量からのアプローチは、本当の意味での「わたし」の徹底と言えるでしょうか。わたしの風景と感覚・感情の対応関係を考える時、安堵感と一緒にやってきた食べ物のイメージ、ベーコンに蜂蜜をかけたもの、豆のペーストや、キュウリのイメージは一体何だったのでしょうか。一人称的意識の三人称化（すなわち一人＝三人称的知性）にあっては、不安感から安堵感への変化を見るだけで十分だったのであり、このようなイメージの氾濫は、無視して構わないもの、無意味なものとなります。それでいいのでしょうか。

現実に見ている視覚的イメージ（トレホやおばあさん）とは関係のなさそうなイメージの氾濫は、一体どのように理解すればいいものなのでしょうか。それは、「わたしの風景」と「感覚・感情」の対応関係の中に、収まりきるものなのでしょうか。これらについて考える時、初めて一人＝三人称的知性を突き破り、一・五人称的知性が現れることになるのです。

ツーソンのベーコンとオートミール

トレホがおばあさんにドアを開けてやった時、私には、安堵感と一緒に、様々な食べ物のイメージがやってきました。それは、一人＝三人称的知性には収まりきれない、その外部にあるもののように思えます。果たしてそうか。これについて考えていきましょう。

一人＝三人称的知性は、「私たち」の描像から個人の差異を差し引いた描像ですから、個人に帰属する詳細な感覚や、その時、その場所でのみ起こるような現象、感覚のきらめきは、意味のないノイズのようなものとみなされることになります。いわば、辞書に書ききれないので無視されるのです。わたしの風景と感覚・感情の対応関係を、有限個の言葉や表現で押さえきることは、本来一人称的な感覚や感情の生起を、三人称的に解釈することに他なりません。しかし、押さえ切ったつもりでも、そこから漏れ落ちるものがいくらでも押し寄せてくる。こうして、私は無自覚であるにもかかわらず、いま知覚して感じている感覚・感情とは無関係なイメージが、溢れ出てくるのです。

これら氾濫するイメージはどこからやってくるのでしょうか。このわたしの奥底に、わたしに固有の、決して他人には触れることのできない何かがあって、そこからやってくるのでしょうか。それは「わたし」の**潜在意識**、**無意識**のようなものでしょうか。

むしろ、「無意識」と想定するしかないものが我々のなかにある（＝天然知能）ということです。では、自分にもわからない自分の無意識とは、果たしてわたし自身と呼んでいいものでしょうか。

わたし自身にも理解できない、わたしの無意識が、外部からもたらされる風景に反応する。外部の受容こそが無意識なのです。

しかし、わたしの無意識を「わたしに固有のわたし自身」とみなすなら、実は私たちは、「あなた」というもの、わたしには決してうかがい知れない他者という存在を、認めることができなくなります。世界は全て、わたしの構成する、わたしの感覚世界になってしまいます。そのことをみておきましょう。

例えばわたしが、あなたの言っている言葉に、詩的な情景の奔流を感じ、突然、「あなたの文才」を認識したとしましょう。しかしそれを、わたし自身さえコントロールできない、わたしの感覚・感情ということにすると、「わたしの感覚」が「あなたの文才」ということになる。「あなたの文才」は、「ドアを開くトレホとおばあさん」というわたしの風景から、自分にとっても想定外の形で現れたベーコンや豆のペースト、キュウリのイメージと同じものとなります。ここで突然やってきた食べ物のイメージは外部からではなく、わたしの内側から発せられたというのなら、「あなたの文才」も、わたしの内部から勝手に湧き上がったものになるわけです。

読者は、「あなたの文才」とここで言っているものは、単に「あなたの文章に対するわたしの感覚」であり、それは、他者である「あなた」に対する「わたし」の解釈で、二次的なものだ、これに対して、本来の「あなたの文才」は、他者が持っている一次的性質だ、と主張するでしょうか。

わたしがコントロールできるものはもちろん解釈ですし、コントロールできない感覚の氾濫も、わたしのものであるというのなら、それも広義の解釈となります。つまりわたしが手にするのは二次的な性質だけ、ということになる。

しかし、そうするとその延長線上に、他者に固有の一次的性質があるというのも、あるに違いない、と信じているだけということになる。それもまた仮定であり解釈だからです。だから、わたしの感覚がわたしのものなら、「あなた」に固有な性質、「あなた」に帰属する「あなたの文才」、など存在しないことになる。他者は、「わたし」が作り出した幻想に過ぎなくなるのです。

とりあえず「あなた」の存在を擁護する限り、わたしの感覚において氾濫する「あなたの文才」やベーコンや豆のペーストやキュウリのイメージは、わたしに固有のものではなく、わたしの外部からやってくると考えるしかありません。

つまりわたしは、むしろわたしの内部に、**外部・他者を内蔵している。**それはわたしが勝手にでっち上げたものではなく、わたしの真の外部なのです。そういった外部がわたしの内側に存在する。これが、天然知能の感覚なのです。

さて、ここが重要です。外部からやってくるにもかかわらず、わたしはそれを「わたし」の感覚、わたしのイメージとして受け容れるのです。疑いもなく自分のものとして受け容れる。だからこそ、「わたし」は、それらのイメージが未だうかがい知れないものだった時点で、それを待っていたと言えるのです。

ここに、未だ知覚していないにもかかわらず存在を待っている、という態度が認められます。これが本書で言うところの一・五人称的知性であり、天然知能なのです。

「わたしの風景」と「感覚・感情」の関係を一対一に指定しようとしながら、コントロールが利かず、対応関係が壊れギャップが形成され、そのギャップに外部が流れ込んでくる。これこそが、天然知能の知覚であり、認知なのです。

さて、ベーコンと豆のペーストのイメージを得た私は、その夜、すぐさま近くの定食屋に向かいました。それは日本のファミレスのような規模のチェーン店でしたが、メニューはパンケーキやハムエッグ、ステーキの類ばかりがやたらに多く、しかし、まさに私が望むものでした。フロアスタッフの女性に何かオススメはあるかと聞くと、オートミールのようなものが名物だと言います。それとベーコンエッグを頼むと、卵は黄身がトロトロのまま二個、塩気のきついベーコンとともにやって来ました。

黄身とベーコンの切れ端をオートミール粥に載せ、私は、まるでいつもその粥を食べているかのような表情を浮かべ、すすり込んだのでした。その時、翌日はきっと、Aの看板を掲げた山に登ろう、そう思ったのです。天然知能はいつも気まぐれです。

そろそろ、Aを頂く山に登る私の場面に、戻ることにしましょう。

天然知能に関して、まだ問題が一つ残っています。本節で私は、「『あなた』の存在を擁護する限り」、「わたし」の感覚が、外部からやってくることを認めざるを得ない、と言いました。以下では、そのような限定をつけなくても、天然知能は外部に接続すると言わざるを得ないことを示していきます。

ツーソンの川床に落ちた痛み

アリゾナの頭文字Aを頂く山の斜面で、私は、まだ登るか下りるか迷っていました。遠方には先ほど越えてきた、干上がった川が見えます。アリゾナといえば砂漠地帯です。市街地のはずれとはいえ、そこには砂漠の片鱗が見え隠れします。取りあえず山を目指して一直線に歩いた私は、川に阻まれました。その時のことを思い出しながら、天然知能の図式を、完成させましょう。

私たちはもはや「一人＝三人称的描像」へたどり着きましたから、本節では、人工知能＝自然知能によって、痛みの説明を試み、それが不可能であることを示します。

川の水は完全に枯渇し、枯れた灌木が砂礫の川床を覆っていました。川を渡ること自体に問題はありません。しかし、川岸が五メートルほどの断崖になっています。まるでコンクリートで護岸工事を施した壁のようでしたが、近寄ってみると、自然の砂礫層を削っただけのものだとわかります。砂礫層は、一見全体として塊状ですが、川床面に平行な縞を成しています。掌にちょうど収まりそうな巨礫から、小豆ほどの小礫まで、様々な小石が砂とともにきれいに平行に整列しています。砂礫の凹凸によって、急峻な壁であっても、意外に登り下りは容易そうです。私は、壁から突き出た大きめの礫を、手がかり、足がかりにして川岸を下り、川床を歩いて、対岸を登ることにしました。

こんな小さな川岸でも、落ちて打ちどころが悪ければ動けなくなるかもしれない。それこそ私に固有な痛みが、誰もみていない川床で人知れず蠢くことになるでしょう。その痛み——他人からうかがい知れない「わたし」の痛み——は、確かに、川岸の崖から落ちた「わたし」において、発生したのでしょうか。今までどこにも存在しなかった痛みが、突然「わたし」の内部で発生するのでしょうか。「そりゃそうだ」、と皆さん、思うかもしれません。しかし、もしそうなら、それは、無から有が発生することを意味しないでしょうか。科学では絶対に無から有を、認めません。テレビや、携帯電話や、宇宙ロケットを実現した科学は、無から有の発生を認めたら、成り立たないからです。「痛みってどこから来たんだ」という問題は、真面目に考える必要があるのです。

わたしのこの痛みは、わたしが感じているものであり、痛みの原因は外部から来たものですが、痛みそれ自体はわたしのものであるように思えます。痛みは、わたしのみが知り得るもので、他人からは決してうかがい知れないからです。

足の指を柱の角にぶつけた痛み、それは他人が想像できるものではありますが、私は特に痛がりで、実際私においては、他人より痛みの程度が増幅されているのかもしれない。そのぐらい痛い。でもこの感じは、他人にはわかりません。

川床に落ちた、わたしの感じる痛みとは、何でしょうか。衝撃を受けた臀部の、筋肉繊維の何本かは破断され、修復を余儀なくされる。破損した筋肉修復のために流れ込んだ血液は、当の筋肉部位を腫らし、皮膚の赤変、青変さえもたらすでしょう。その筋肉周辺の変化情報は、電気信号となって、脳へ伝えられる。はたして、脳の或る部位で、多数の神経細胞が電気的に興奮し、或る感覚状態——痛み——が作り出され、最終的に「わたし」は「痛い」と感じることになります。

そこで最終的に作り出される「痛い」と、そこに至るまでの諸々の「痛みの原因」を分けて考えることにします。最終的な「痛い」によってわたしの痛みが発生したと考えるなら、「痛い」以前と以後の対応関係を決めるだけで、「痛い」の決定は十分だからです。

「痛みの原因」と「痛い」の関係には、二つの関係が考えられます。

第一の関係は、両者の間に何らかの質的差異がない（等価交換といっておきます）対応関係です。ここには、無から有という問題はありません。「痛みの原因」は、身体外部の衝撃さえ含むわけですから、そこに「痛み」はないはずです。そこに痛みがないなら、質的差異がない対応関係によって、「痛い」は、このわたしの痛みの感覚を持っていないことになります。逆に、「痛い」は確実にこのわたしの痛みを含んでいるのだ、とすると、質的差異のない対応関係によって、身体外部にも痛みが存在することになります。何れにせよ、おかしな話です。

第二の「痛みの原因」と「痛い」の関係は、質的変化を伴う対応関係です。この場合、身体外部に通じる痛みの原因に「わたし」の痛みは一切なく、「痛い」の中にだけそれがある、と考えることができます。ただしこちらは、このままでは、無から有が生じることで、質的変化がもたらされたように思えます。

質的変化を、無から有への変化から区別するには、質的変化が、単に見方によって変化する表面的な言い換えだと考えればいいでしょう。同じ繊維であっても、織ってなければ糸の束ですが、織ってあれば布です。糸の束から布は質的変化を伴っている、と考えられますが、やはり同じ繊維に過ぎないという見方も妥当なものと考えられます。

ある見方をする、つまり特定の文脈を指定して見れば、第一の質的変化のない対応関係（同じ繊維というよう）になり、別の特定の文脈を指定して見れば、第二の質的変化のある対応関係（糸から布のよう）になるというわけです。こうして、文脈指定の切り替えをうまくすれば、無から有ではない、質的変化を説明でき、このわたしの痛みを説明できるのではないでしょうか。しかし、それは二重の意味で、不可能なのです。

第一に、指定関係を指定する、という問題を考えてみます。指定関係を文脈で指定するためには、「文脈」が何をしているか知らなくてはなりません。文脈を指定する時、指定される「痛みの原因」と「痛い」の対応関係の全体を、見渡すことが必要となります。

単に「痛い」と声を出すだけではなく、わたしにおいて「痛み」を感じるのですから、「痛み」はわたしにおいて文脈を選択しないといけない。だから文脈の意味を確定しながら文脈を選ぶことが必要となるのです。

ところが「痛い」は、すべての操作の最終的な宣言として出現するのですから、「痛みの原因」と「痛い」を見渡した後に、「痛い2」が出現することになります。さらに「痛い2」の出現で、「痛い2」以前と「痛い2」を合わせた全体を見渡す必要が生じますから、その後に「痛い3」が必要となります。これが無限に繰り返され、「痛い」は無限に先送りされてしまうのです。ここにあるのは、対応関係に沿った無限運動です。

第二に、文脈の切り替えを考えてみます。等価交換の文脈から質的交換への切り替えによって、切り替え以前に認められなかった「痛み」が、切り替え後には、存在すると説明したいわけです。そのためには、切り替えによって質的交換が指定される文脈を、条件の束として決定する必要があります。しかし条件の束は、あらかじめ決めておく理念的な文言です。これが「痛み」を引き起こす現実の状況に適合するのは極めて困難です。

万全を期して条件の束を決めたつもりが、個別的な「痛み」の現実の状況に合わず、条件が足りない。そこで条件を増やしてみる。ところが次の「痛み」の現実では、また別の条件の不備が見つかる。そこでまた条件を変更する。これが無限に繰り返され、質的交換の発動は、無限に先送りされるのです。ここにあるのは文脈の変更における無限運動です。

だから、わたしにおける「痛み」の出現を、無から有ではない質的差異によって説明することは不可能なのです。質的差異を「わたし」の内側に求めることは不可能ということです。「わたし」は質的差異の原因を外部に求めざるを得ない。この二重の不可能を乗り越えることができるのは、天然知能だけなのです。

天然知能における痛み

人工知能＝自然知能による「痛い」の説明は、二重の不可能性を露呈しました。それは、対応関係と文脈の出会いによって、その各々における無限運動として露呈したのです。

しかし、天然知能でも対応関係と文脈の出会いは「痛みの原因」と「痛い」の間の反復をもたらします。ただしそれは、不可能性ではなく、問題を無効にして新たな次元をつくり出すのです。

痛い、思わず声だしちゃったよ。足の親指、ぶつけちまった。でもこれって本当にそんなに痛いのか。大袈裟じゃないか。いやそれでも痛い。しかしさっきより痛くないか。いや痛い。逆に痛くなったんじゃないか。こういう反復が続くわけです。

痛みと痛みの原因を結びつける軸を「指定の軸」と呼ぶことにします（図2－2A）。天然知能における反復運動は、人工知能（＝自然知能）と異なり、指定の軸上を往復しながら、文脈が微妙にずれ、痛みを感じたり、感じなかったりしています。

指定の軸の文脈との出会いは、対応関係の往復運動を実現しながら、引き続き文脈の変化と接続することで、往復運動を無効にできます。「痛い、思わず声だしちゃったよ」に続く反復は、会社の上司や、学校の先輩に言われた致命的な一言、「お前は、根本的に間違ってるんだよ」とかを思い出せば、解消されるでしょう。足の親指の痛みどころではない立場に、自分を追い込むことができるからです。「痛み」を知覚する文脈が、別の文脈に置き換えられることで、瑣末な、どうでもいいことになるからです。

文脈を一個に固定すること、際限のない文脈の中で決められないこと（これは外部を意味します）、の両者を端成分とした、「文脈の軸」を考えることにします（図2－2A）。それは、対応関係とは比較不可能な異質性の変化という意味で、指定の軸とは直交して描かれます。それは、生成の瞬間、質的転換の瞬間、質的差異を担う対応関係を実現するための文脈です。

人工知能における「痛み」の二重の不可能性とは、第一に指定の軸における往復運動であり、第二に、そこから逃れて陥った、文脈の軸における往復運動だったのです。天然知能は、二つの往復運動を同時に実現します。まず指定の軸における往復運動を見出し、ここから逃れて文脈の軸の往復運動を見出す。こう考えると確かに八方塞がりです。ところがそうではない。二つの往復運動は、順番に直列的に起こっているのではなく、同時に起こっているのです。

「痛い」、思わず声だしちゃったよ。足の親指、ぶつけちまった。でもこれって本当にそんなに痛いのか。大袈裟じゃないか。そもそも、そんなこと言っている場合か。会社の上司には、「お前は、根本的に間違ってるんだよ」とか言われたしな。そう考えると、足の痛みも治まってきた。しかし、上司の言っていることも、そんなに気にすることか。「間違っている」原因を考えてみても、上司の正しさの前提が、会社の月例評価程度の、近視眼的なものだ。こっちはもっと未来をみて言っている。

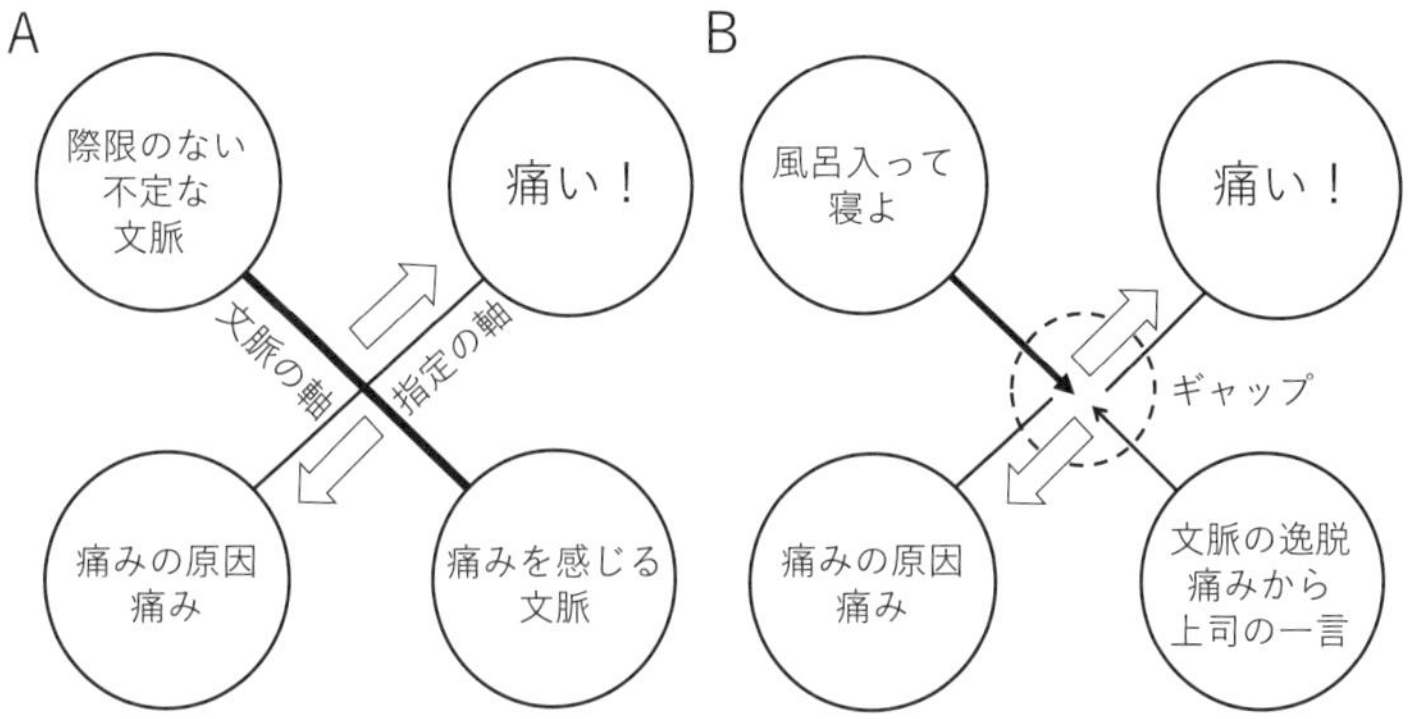

図2-2　天然知能における痛み
A.　指定の軸と文脈の軸。指定の軸の終わりなき往復が自己言及問題、文脈の軸の終わりなき往復がフレーム問題である。
B.　文脈の逸脱によって、指定の軸の対応関係が破壊され、そのギャップに際限のない文脈が押し寄せる。

そう考えると、上司の言い分も気にならない。おや、痛みも引いたし、上司の言い分も気にならない。風呂でも入って寝るか。[11]

固定された文脈（「痛い」の文脈）は、新たな文脈（会社の上司の文脈）を求めて、固定された場所から逸脱します。この逸脱は、際限のない文脈を志向して外部を招喚し、指定の軸に影響を与えることになります（「痛み」が緩和される）。

文脈を固定し、特定の文脈を指定して初めて、その文脈における指定の軸の対応関係が決まるのです。だから、文脈が逸脱し、ずれてしまう時、もはや「痛い」と「痛みの原因」の間の対応関係は成り立たない。ぶつけた足の指と相応の「痛み」の関係が成り立たない。両者の間には、図2－2Bに示すように、対応を果たせないギャップが設けられてしまうのです。

ギャップが作られながら、多様な文脈を探しに行く。だからこそ、際限がなく、明快さを失った文脈は、無関係にギャップに押し寄せるのです。それが「風呂でも入って寝るか」なのです。「風呂でも入って寝るか」は「わたし」が探しに行って持ち込んできたものなのか、持ち込まれるべく待ち構えていたものなのか、それすら、判別できません。しかし、それは際限のない多様性を孕み、知覚されるまでわからない限りにおいて、「わたし」の外部なのです。従って、「痛い」はわたしにおいて閉じているどころか、外部と一緒になって初めて可能となるのです。「痛み」は、一・五人称的知性の産物なのです（図2－2B）。

以上を踏まえて、ツーソンの川岸で、崖から落ちた私が感じる痛み、天然知能が感じる痛みを考えてみます。それは、指定の軸の往復運動と、文脈の軸の往復運動の接続という形で実現されます（図2－2Aを参照）。二つの運動が独立であるなら、つながりを意味する接続とは言いません。二つの運動を整合的に、機械的に統御可能なら、統合という言い方になり、やはり接続とは言いません。

接続は、二つの運動が、互いに干渉しながら、並列的に同時に運動することを意味します。その結果、各々の運動が独立に運動していた時に認められる運動は、不調をきたし、指定の軸における対応関係の破綻と、文脈の軸における文脈指定の破綻と氾濫、を見出すことになるのです（図2－2Bを参照）。

「痛い」と、「痛みの原因」の対応関係はもはや破壊され、両者の間には塞がりようのないギャップがもたらされます。そこに、私にすら想定外の、有象無象のイメージや感覚が、奔流のように押し寄せる。それは、「痛み」に伴う不快感のみならず、むず痒さや、この宇宙にただ一人、川床に叩きつけられたことで感じられる宇宙や、明日の飛行機の予定や、昨日食べた目玉焼き、といったものたちです。このようなイメージや感覚が押し寄せてくること、によって、私の「痛い」、天然知能の「痛み」は実現されるのです。

果たして図2－2Bの図式こそが、トレホとおばあさんの出会いを見て、私が得たイメージの氾濫と、同じ状況であることはお分かりかと思います。トレホとおばあさんの議論では、これらイメージが外部から来たと考えない限り、他者は成立しない、という議論でした。他者の実在を擁護するため、「わたしの無意識のイメージは、外部からやってきた」と考える必要があったのです。

痛みの場合、他者の実在を擁護する必要によって、外部性が示されるわけではありません。痛みに対し、「わたし」のみが知っている誰にもうかがい知れないもので、かつ無から有ではない形で現れる、という説明を徹底させるとき、対応関係の不可能性及び文脈切り替えの不可能性から、「痛み」は外部からやってくるのだ、という結論に至ったのです。

指定の軸と文脈の軸の接続という問題は、哲学、生物学やシステム工学で議論され続けている、自己言及とフレーム問題に関する、或る種の解答になっています[12]。図2-2に示すように、指定の軸に関する往復運動が自己言及、文脈の軸に関する往復運動がフレーム問題を意味します。

自己言及は、「わたし」に関する矛盾を意味します。わたしが自分自身について考えるとき（これが自己言及です）、考えるという行為をしているわたしは、考える対象になっているわたしとは異なります。考える対象になっているわたしは、現に自分を考えている「わたし」ではないからです。異なるにもかかわらず、両者はともに「わたし」で一致する。だから矛盾なのです。自己言及は、哲学や生物学で問題になります。

フレーム問題は、人工知能に何か命令を与えようとすると、その前提（フレーム）についても教える必要があり、さらにその前提まで必要になる、という問題を意味します。「パソコンの電源を入れて」と頼むときには、電源をオンにするだけではなく、その前提としてコンセントに線をつなぐことも教えなくてはならない。さらにブレーカーが落ちないように、他の電化製品の消費電力も気にしなくてはなりません。こういった前提は、無限に続いてしまうのです。フレーム問題は、人工知能を扱う工学の問題です。

自己言及もフレーム問題も各々大きな問題ですが、現代の科学では、計算機の性能が極めて高く、膨大なデータを処理することができることで、問題自体が先送りされ、見えなくなっています。しかしそれは問題の解消を意味するものではありません。

天然知能は、自己言及とフレーム問題を接続することで、両者を無効にしてしまうという、通常は考えられない解決を実現してしまうのです。両者は、接合され、**自己言及の前提である「全体」の確定をフレーム問題が無効にし、フレーム問題の前提である意味を確定する解釈者を、自己言及が無効にする**のです。

こうして、質的転換の根拠は、指定の軸、文脈の軸という二つの方向の相互の根拠づけの中に埋め込まれ、逆に外部を招喚するギャップが開かれるのです。「わたし」の、世界に対する優位性は失われ、もちろん世界の「わたし」に対する優位性もない。かくして、人工知能における決定の不可能性は、天然知能における経験の可能性として転回されることになるのです。

わたしは痛い、では川床は痛みを感じるか

最後に、「崖から落ちたわたしが、川床から臀部に衝撃を受け、痛みを感じるとき、わたしにぶつかられた川床は、痛みを感じないのだろうか」という疑問について、考えることにします。一見、馬

鹿げた問題ですが、その答え方には意味があるでしょう。

崖から落ちたわたしが臀部でくぼませた川床は、痛みを感じるか。地面に神経系などありません。それでも、「やがて雨が降り、窪みに溜まった雨水があふれ出し、サワロサボテンの根元にしみ込んでいったとき、痛みが発生した」と勝手に定義することはできます。サワロサボテンこそ、川床の脳というわけです。

それは「わたし」の勝手な解釈であり、勝手な擬人化に過ぎません。ところが、「川床の痛み」どころか最も根源的な「わたし」に固有の痛みでさえ、外部によって根拠づけられているのです。それは、川床の「痛み」の、他人にうかがい知れないという性格に根拠を与える「わたし」が、逆に川床を含む「外部」に根拠づけられることを意味します。

「わたし」を特定の文脈として固定しようとしても逸脱し、外部が押し寄せてくる。外部によって根拠づけられるとは、固定された「わたし」の解体であり、「わたし」が目論んだ「川床の痛み」と「サワロサボテンに水がしみ込むまでの現象」の対応関係を解体することなのです。

わたしが勝手に思うことにおいて、わたしは何ら特権性を持たない。わたしは極めて脆弱で、不安定なものなのです。図2－2Aをよく見てください。指定の軸と文脈の軸が各々独立であるとすると、各々矛盾に導かれ否定的な意味しか導きませんが、両者を接続するとき、互いの前提を無効にすることで、天然知能の成立をもたらすことになる（図2－2B）。そう言いました。

天然知能であるわたしは、世界を自分ででっち上げ、その中で対応関係を自作自演するかのようです。しかし、外部が関与することで実現される、文脈の際限のなさによって、自作自演は不可能とされるのです。

世界は、わたしが作り出す仮想世界＝現実世界でありながら、わたしによって見渡せる世界たり得ない。わたしは、文脈の際限のなさに開かれている意味で、不確定性を見出しながら、区別を実現し、対応関係を実現することになるのです。わたしは神のような超越者、世界を外部から俯瞰する者ではないのです。地面に足を置き、足場のあるこちらについてだけわかっていて、あちらのことは知覚すらできない。

こうして「わたし」は、わたしの痛みであろうと、川床の痛みであろうと、図2－2Bの天然知能の知覚を実現するのです。すなわち、川床の痛みは、勝手にでっち上げるものではなく、待つしかないのです。

わたしは、わたしにおいて、川床が痛みを感じるか否か決定できます。川床についての、決してうかがい知れない不確定性を前にしながら、しかし、川床の痛みを待ち、それについて決定できるのです。それは、**全てを見渡せない天然知能としての決定なのです。**それは、「川床は痛みを感じるか」や、「モノは心を持つか」という一般的問いに答えることではないのです。これらに一般的問いとして向き合い、答える者は、権力を指向する「一人称＝三人称的知性」です。そのような答えを喜ぶ者は、権力を中心とした制度に安心を求める、一人称＝三人称的知性です。

各々自分のための世界を構成しながら、一人称＝三人称的知性の全体が、「私たち」という権力構造を立ち上げることを信じ、幻想としての世界を信じるのです。

天然知能は、そういった誘惑に惑わされることなく、外部を感じ、世界を理解する。天然知能は、川床の痛みに同情するのですが、それを声高に主張することなど、ないのです。

果たして私は、身長の三倍ほどもあるサワロサボテンにたどり着いたことをもって、Aの山を下り、来た道を戻ったのでした。

3

イワシ——UFOはなぜ宇宙人の乗り物なのか

ベイエリアのクーラーもない部屋

今から二十年ほど前の夏のある日。私は、生命論を専門とする哲学者と、生命の理論に関する議論をするため、品川あたりの海沿いにあった、その方の研究室を訪ねました。その日までに、何度か研究会などで話をし、その方が植物的思考――動かずに、受動的でありながら能動的であることを志向する思考――を中心に据えた生命論の野心を持っていること、私が、物質であろうと、全ての対象が観測者であるという描像――わたしが見ているものもわたしを見ているという描像――を持っていることは、互いに前もって確認していました。

その日は、私が、「全てのモノは観測者である」という描像を説明し、これに関して議論する日でした。午前中十時ごろから始まった議論は、ガランとした小さなセミナー室にこもって行われました。暑い夏の日であるにもかかわらず、部屋にはエアコンもなく、風通しも良くない。熱中症になるのをペットボトルの水で防ぎながら、朦朧とした頭で板書しながら議論をしました。

「全てのモノは観測者である」ことの根底には、わたしの認識と、わたしの認識と無関係に存在するはずの世界との、関係の問い直しがあります。

私は、「わたし」が認識するから世界が存在するものの、その「わたし」も世界に対して特権性を持たず、「わたし」は何かによってもたらされること、ここから、世界の外部の存在が示唆され、「わたし」は外部によってもたらされること、したがって世界内の存在は、絶えず不安定な存在として生成＝存在という存在様式でしか在り得ないこと、といった自説を展開しました。このような考え方を内部観測[1]と言います。その方は、

「世界の内側から観測するというのは、世界を限定的にしか見ないということですか。郡司さんが今、この部屋にいるとき、見ているのはこの部屋と私だけです。まさに今、太平洋の真ん中でイワシの大群が泳いでいることでしょう。そのイワシは誰にも見られていない。だとすると、そのイワシは存在しないのですか」

と聞いてきました（もちろん問題を明確化するための、あえての問いです）。

イワシは私と無関係に存在するでしょう。私が確認していなくても、行き着くことのできない広大な太平洋が存在し、そこにはイワシの群れが泳いでいるだろうと思います。

では、「イワシは私と無関係に存在する」という確信は、どのようにもたらされるのでしょう。私の経験的な推論から確信されるのでしょうか。

私たちは、自分で確認しなくても、個人的な経験的事実から類推することができます。子供の頃に見た、小さな用水路に泳ぐフナの群れは、別な日に行ってもまた同じような流れの淀みにいて、私が見ていなかったときも、同様にそのあたりにいたのだろうと考えることができました。

また書籍や様々なメディアを通じて、私は広大な太平洋を知り、イワシの群れを知っています。個

人的経験であるフナの群れの体験から類推して、イワシの群れが、私が見ていなくても、太平洋を泳いでいるだろうと考えることができます。そういった様々な経験からの類推によって知識に対する信頼が生まれ、私は、経験と知識の総和によって構成された世界の存在を確信する。こうして私は、太平洋の沖で泳ぐイワシの存在を確信するのでしょうか。あえて言いましょう。そうではないのだ、と。

どうして、そうではないか。書籍やメディアで得られる知識は、それ自体であり、それ以上でも以下でもない。あなたが図鑑でイワシの群れの写真を見たとしましょう。そこに写っていたイワシは千二十七匹のイワシであり、その数のイワシだった。そしてそれは写真であり、動いてもいなかった。あなたは、この一つの具体的事例に過ぎず、一個の記号に過ぎない千二十七匹のイワシから構成されるイワシの群れの写真から、生きているイワシの群れを推定しているのでしょうか。

生きているイワシの群れを推定し、類推し、確認する。それはどのような行為なのでしょうか。通常、その推定、類推は、類推自体のモチベーションである**「イワシとは何か」に答える以上の推定を用意しない**、と考えられます。答え方のゴールが、例えば「生物学的説明」のように決まっているのです。経験的類推や推定とは、そのゴールに向けた思考過程に過ぎないのです。

類推は、「イワシとは何か」なる問いと答えの関係以上でも以下でもない。類推はこうして知識化されるだけです。私が否定した経験と知識の総和とは、このような類推に基づく知識です。

さてここで、知識レベルの指定というのは、「記号・イワシ」という問題に対して、どう答えたらいいか、答え方（生物・イワシ）の指定を意味します。記号・イワシとは、イワシという和名や学名、それに付随する写真などの集まりを意味しています。それに対する生物・イワシは、いわゆる生物図鑑に載っているようなイワシの定義であり、イワシの生態に関する記述なのです。文脈の指定は、問題–解答の関係を指定するのです。

ここでいう知識レベルとは、「イワシとは、与えられた定義以上でも以下でもなく、与えられた定義に、厳密に一致する」ことでイワシが理解されたとする、知的水準を意味しています。このレベルでイワシを知るものは、イワシとは何かと問われれば、与えられた定義を復唱するだけです。それ以外のことはイワシに無関係なのです。

生物・イワシ（イワシの生物学的定義）は記号・イワシに縮約され、記号・イワシは生物・イワシを指し示す。両者のこの、「指示する・指示される」の関係に関与する外部は一切ありません。イワシの理解は、記号・イワシと生物・イワシによって自己完結しているのです。

両者の関係に関与するかもしれない外部、それが「無限定なイワシ」であり、生物・イワシの外部です。それは定義には書かれていない、あり得るかもしれない生きたイワシの理解です。しかしそれは、求めない限り、決してやってこない。生きたイワシのイメージは、固定された知識レベルでは決して陽に開かれず、知識の外側に留まり続けるのです。

このように知識レベルを指定し、イワシを理解するものが、人工知能です。未知の概念「イワシ」を知覚したら、まず、膨大なデータベースの中から、データ探索の範囲を限定します。それが知識水準の固定、文脈の固定です。その範囲で、「イワシ」の説明を探索し、見つかったら探索を終了し、答えである説明を提示する、というわけです。自然知能は、みんなの合意する普遍的知識水準において、人工知能と同じことをするだけです。

だから、人工知能や自然知能では、「イワシとは何か」の問いの中に、経験していない太平洋のイワシ、が潜在することはないでしょう。[2]「今、太平洋にイワシは泳いでいますか」と問われた場合に初めて、この問いに対する探索範囲を指定し、その範囲で答えを出すのです。それは蓄積された「イワシ」のデータや、「太平洋」のデータ、「多様性」というデータ、それらを繋ぐデータ構造として、様々な魚がいる太平洋が推定され、「太平洋を泳ぐイワシ」が推定されて、「イエス」と答えることになるのです。

我々、すなわち天然知能が、生きたイワシのイメージ=経験していない太平洋のイワシをも包含したイワシのイメージ、を立ち上げることができるのは、問題と解決の間が一致せず、そのギャップに外部が招喚されるからです。ここで区別の軸を指定する文脈は、特定の知識レベルから少しばかり逸脱しています。逸脱するというのは、記号・イワシと生物・イワシの間の自己完結した関係に満足せず、両者の間に不整合を与えることです。

つまり記号・イワシは、単なる杓子定規の定義ではなく、生きたイワシを理解したと思えるような、そういったイワシに関する説明を与えてみろ、と答えをうながすものとなります。それは、より創造的な答えを要求する、問題となります。

これに対応する部分は、生物・イワシではなく、「生きているイワシ」なる、問題に対する解決となります。答えてみろという要求に対して、様々な解決をその都度与えていく。それが「生きているイワシ」です。問題は、解決に決して満足せず、解決は問題を変質させる。そういった関係が、知識レベルの逸脱によってもたらされます。

では問題としてのイワシと解決としてのイワシは、永遠に問題と解決の間に一致を見ず、循環を繰り返すだけなのでしょうか。それとも、文脈が時々スライドすることで、問題と解決の一致をみる文脈が探索され、いつかそれが見つかって、当初とは異なる文脈で、問題・解決の一致が成立し、その一致において理解が成立するのでしょうか。いずれでもありません。

わかりやすい例で考えましょう。イワシという問題は、イワシの群れの写真であり、名前であり、機能的意味のわからないイワシの行動のリストです。イワシの解決は、イワシを同定するための形態や、行動、そして生態に関する説明となるでしょう。その一致は、或る知識レベルの指定によって正当化されます。しかし、問題と解決の関係を指定する＝区別の文脈を指定する「わたし」は、この知識レベルの指定に満足していない。

天然知能であるわたしは、問題を変質させ、その都度解決を試みますが、得られる感覚は、常に「もっと何かあるだろう」なのです。イワシの群れの写真の生き生きした感じ、広大な場所を泳ぎ渡っているかもしれない、という感じ、イワシから示唆される生命の躍動感が、その都度見つかる解決には見出せない。わたしが感じるのは、イワシという問題と生きているイワシという解決の間の、大いなるギャップであり、両者の乖離を埋められるはずもないという諦めにも似た感覚ですが、それは「いやもっとあるはずだ」とする、肯定的転回を、絶えず促すのです。

この大いなる乖離があるからこそ、わたしは、わたしが設定した知識レベルの外部に鋭敏となります。わたしは、問題と解決のギャップゆえに、設定された問題や、予期される解答とは全く無関係な、想定もしなかったイワシの外部に気づきます。それは、子供の頃、用水路でみてずっと忘れていたフナの背中の鱗のきらめきであり、伊勢湾の上を朝な夕な渡っていくカワウの群れであり、激しく風に揺れる大木の葉の一群だったりするのです。

このような、当初設定されていた「イワシ・問題」と、「イワシ・解決」の可能な関係の外部に位置づけられたものが、わたしに「生きているイワシ」の、運動している群れのイメージを与え、わたしに「生きているイワシ」の様々な理解——激しく揺れる葉っぱや、鱗のきらめきや、カワウの群れなど——を垣間見せるのです。

問題と解決のギャップは、この「生きているイワシ」を捕らえるための仕掛けだったといってもいい。一つの、特定の文脈ではなく、イワシの理解という観点からすると、多様な、質的に異なるイメージが同時に押し寄せてくる。だからそれは、或る文脈、特定の意味論ではなく、無際限で不定な文脈それ自体なのです。

無際限で不定な文脈は、問題・解決に特定の、一個の関係を成立させることを許しません。一個の文脈を確定し得て初めて、問題に対する解決が決定され、その意味で人工知能的な理解が成立するのです。だから、無際限で不定な文脈がやってくること、招喚されることは、問題・解決の一致における理解とは異なる、イワシの理解の在り方を意味します。

一方、問題・解決の一致による理解とは、何かうまい定義・解答が与えられ、そこに納得してイワシの問題は終了する、そういった理解です。もうイワシについて考えなくていい、という意味での理解こそが、問題・解決の一致における人工知能的理解なのです。

外部から押し寄せるイメージによる理解は、停止しません。不定な文脈は、一個の文脈に留まることを許さず、そこにあるのは逸脱の連続です。様々なイメージから別のイメージへと、変遷し続け、生きているイワシのイメージを生成し続ける。それがイワシの理解となる。イワシについて考えることをやめるどころか、イワシを絶えず携え、イワシを思い続けることになる。それが、無際限な文脈の招喚によって実現される、「天然知能による」イワシの理解なのです。

だから、実在するイワシの何たるかには、決して手が届かない。押し寄せてくる新たなイメージでイワシの理解が完了するわけではなく、イメージは、次々と変化し、多様化し、厚みを持ち続けるのです。生きているイワシは、決して特定のイメージということに留まらず、絶えず先へ先へと退く外部として、理解されることになります。問題と解決のギャップに、際限なくやってくるものは、逆に、理解しようとして決して届かない、イワシの実在を意味するとも言えるのです。

こうして、まさにその外部が、問題と解決の間に降りてくることで、生きているイワシの理解を成立させるのです。理解されるイワシは、問題・解決の一致において成立する知識や、問題・解決の一致を少しだけ探索し、いずれ新たな一致に回収されることで成立するような類推、これら知識と類推の総和では、ありえないのです。

天然知能によるイワシの理解は、外部としてのイワシ（＝実在するイワシ）を発見することだった。だから、わたしがイワシを理解するとき、わたしは、わたしの外部でうごめくイワシを、必然的に確信できるのです。わたしのイワシの理解は、むしろ、今も太平洋の真ん中で泳ぎ回るイワシへの確信を不可避なものとするのです。

それはもちろんイワシだけの問題ではありません。次節と次々節では、未確認飛行物体、いわゆるUFOと「向こう側」の知覚の問題を取り上げ、天然知能をより一般化しましょう。

UFO

自分と無関係な、太平洋の真ん中で泳ぐイワシさえ確信してしまう天然知能だからこそ、不可思議な飛行物体に、宇宙人の乗り物を見出すことができてしまいます。誤解のないように言っておきます。「宇宙人の乗り物」や「幽霊」を見出すのは、それを見出す特定の文脈を固定するからこそ見出せる、と思われるかもしれません。もちろん、現在、そのような文脈は一般化され、半ば常態化しています。

本節では、そういった特定の文脈、特定の知識がまだなかった時代の、最初に「宇宙人の乗り物」を見出してしまった人、を問題にしているのです。初めての、「宇宙人の乗り物」発見者＝考案者は、特定の文脈から自由になったからこそ、まだ誰も言っていない、「宇宙人の乗り物」を発想してしまった。それを問題にしているのです。

「宇宙人の乗り物」を見出すことは、「太平洋のイワシ」を感じることと同じであるし、私たちの日常のそこら中に転がっていることなのです。

「宇宙人の乗り物」を見出すことは、同時に、見えない向こう側を感じ、奥行きを知覚し、三次元空間を自由に歩き回るわたしをも、可能とするのです。奥行き知覚は、一つの典型的な知覚の事例です。それは精神科医、内海健[3]の言うように、視覚と触覚の共働によって初めて獲得できる、世界の肌理のようなものです。

私が典型的と言ったのは、知覚は基本的に、異質な感覚刺激に対する共働・接合を通して初めて実現される、と私が考えるからです。通常、認知科学では、単独の感覚刺激に対する応答を、知覚や認知の基本現象と捉え、異なる感覚刺激の相互作用を、その組み合わせで理解できる特殊な事例として捉えてきました。逆だと思います。その理由は次の節で述べます。

果たして、イワシとＵＦＯ、奥行き知覚は、どのようにつながっているのか。まずはＵＦＯについて説明しましょう。

最初に述べたように、あなたはまだ、「未確認飛行物体＝宇宙人の乗り物」という文脈や文化が成立する以前の世界に、いると想像してください。この現代にＵＦＯが発見されていないという状況です。

今、あなたが、夜空に妙な光が飛んでいるのを目撃したとしましょう。それは明確な飛行機の形を持っているわけでもなく、音もせず、星のように停止しているわけでもない。その限りでそれは、未確認飛行物体という以上のものではない。夜空を運動しているものではありますが、それが何であるか同定できない。その意味で未確認飛行物体なのです。

あなたが人工知能であると仮定しましょう。今、未確認飛行物体は問題としての現象です。あなたはこの問題に答えることで、現象を理解しようとします。人工知能であるあなたは、特定の文脈を固定し、その範囲で未確認飛行物体を理解することになるでしょう。

文脈の軸は、ここでは「現代科学の文脈」が指定されます。この文脈を指定することで、指定の軸では、問題としての現象と解決としての現象の対応関係を、相互に指定する関係が現れます。未知の現象に対して、現代科学の範囲で既知の現象に置き換えることが問題の解決であり、理解となります。

この理解のポリシーに従って、あなたは答えを探します。それは蛍でしょうか。いや、蛍は、今見ているような、直線的な運動はしません。ヘリコプターでしょうか。いやヘリコプターなら、低空を飛び、音もするでしょう。あなたは色々考えた挙句、解答に到達できないかもしれない。あるいは、これは人工衛星だ、と結論づけるかもしれない。

いずれにせよ、人工知能であるあなたは、既知の現象を解答として見出すか、文字通り不明（未確認）と解答するか、この枠組みから逃れられないのです。この時、無限定な現象、すなわち、科学から逸脱した、どこまでを想定していいかわからない現象は、決して現れることがないのです。

今度は、天然知能の理解です。同じ未確認飛行物体を見ながら、外部を招喚して未確認飛行物体を理解する、この場合を考えましょう。これも定義で与えられるところのイワシの外部を招喚してイワシを理解する場合と、同じ状況となります。科学レベルを逸脱する運動によって、特定の文脈を指定することが放棄され、問題と解決の一致によって理解が成立するという、特定の理解の枠組みが、放棄されます。

問題としての飛行物体と、解決としての飛行物体は決して一致することがなく、その間のギャップは、決して解消されない。このギャップにこそ、無限定な未知の現象が、想像力の産物である、あらゆる猥雑なものが、招喚されるのです。

中世なら、未確認飛行物体は天空のどこかからやってくるマゴニア人であり、彼らの乗る帆船だった（これを私は、成蹊大学理工学部の松井哲也氏に教えてもらいました）[4]。現代では、科学的知識を逸脱しても、空中を漂う帆船に思い至らないでしょう。むしろ、どこか遠い宇宙からやってきた宇宙人の乗り物と想像されるというわけです。

私たちは、決して物事を、定義によってのみ、字義通りに理解するわけではない。その外部に踏み込み、その外部を招き入れることで、物事の理解を実現する。だから、イワシに関する理解は、経験されなかったわたしの、感覚世界の外部さえ招喚して実現される。だからこそ、私たちは、生き生きとしたイワシを理解することができ、経験されたことのない、太平洋の真ん中で泳ぐイワシを、今も存在すると確信するのです。

そのような形で物事を理解するがゆえに、我々は、その副産物として、未確認飛行物体に、宇宙人の乗り物を見出すわけです。夜中に揺れる柳に幽霊を見出し、湖面で回転する流木にネッシーを見出す。それらは皆、私たちの理解が、問題・解決の単純な一致でのみ成立していないことから派生する認知なのです。

「向こう側」の知覚

もう一つ、今度は「向こう側」の知覚に関しても、同様の議論が成立することを説明しましょう。図3－1Aを見てください。これは、人工知能における遠近感の知覚ですが、通常、認知科学などで説明される、遠近感の知覚の理解だと思ってもらって、構いません。

問題として与えられるのは、網膜画像の矛盾です。私たちは三次元空間を、網膜像を通して理解すると考えられています。眼球の裏側に張り付いた網膜は、凹面を呈しながらも二次元ですから、この二次元からどのように三次元を構成しているのか、が問題となります。多くの場合、目は左右二つあります。

目の前にある、ショルダーバッグを肩から下げた、クマの人形を見てみます。バッグはクマの右肩にぶら下がっているので、右目をつぶり左目だけで見ると、ショルダーバッグの端が見えるだけで、バッグはほとんどわかりません。今度は左目をつぶって右目だけで見ると、ショルダーバッグの蓋の様子が詳細に見えます。ショルダーバッグだけでなく、クマの人形を見る角度がわずかに違っています。このことは、右目に映されたクマの人形の網膜像と、左目に映された網膜像とが異なることを意味します。

この左右の画像の差異を両眼視差といいます。本来は一つであるクマの人形に対する両眼視差は、

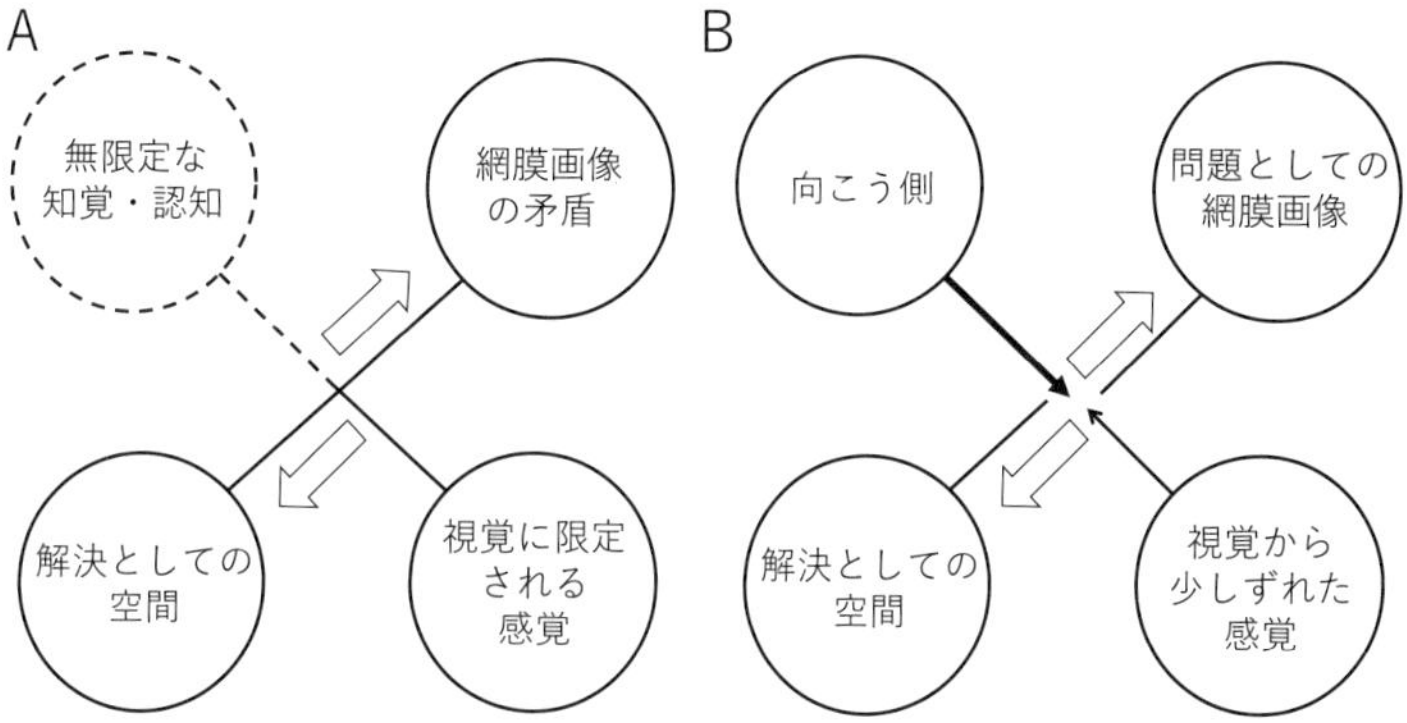

図3-1　「向こう側」の知覚
A.　人工知能における遠近感の知覚。文脈を視覚のみに固定し、網膜画像における矛盾を視覚的空間概念として解決する知覚。
B.　天然知能における向こう側の知覚。感覚が一種類に固定されず、他の感覚にも逸脱することで、無限定な向こう側が出現する知覚。

網膜像における矛盾ということができます。この矛盾を解消する一つの方法が、わたしと対面する平面に対して直交する向きに、空間の軸をもう一つ設定することです。こうして、両眼視差を解消するように三次元空間が知覚されます。

通常、三次元空間の知覚はこのように説明されます。二次元平面から、両眼視差の矛盾を解消して三次元を構築した、というわけです。

ここでいう三次元の構築に際し、問題となるのは視覚刺激だけです。だから感覚は、視覚のみを指定することになります。文脈を視覚一つに指定したので、指定の軸は、問題と解決が互いに指定し合う関係を表すことになりました。かくして、網膜像の矛盾（両眼視差）に対して、三次元空間が開設されるというわけです。図３-１Ａはそのような状況を表しています。三次元空間とは、それ以上でも以下でもない。だから、問題と解決の一致を超えた外部、無限定な知覚・認知は、決して顕在化されません。

さてあなたが草原を歩いているとしましょう。草原の遠方には山並みが見えます。その上には青空が広がっている。草原には灌木が生えていて、近景、中景が知覚されます。この遠近感は、まさに両眼視差を解消することで作られています。ならば、これ以上何も考える必要がなさそうです。三次元空間は全て、両眼視差で説明でき、図３-１Ａだけで十分だ。あなたはそう思うかもしれません。

天然知能であるあなたなら、そうではありません。説明しましょう。あなたが見ている風景は無限に広がっているわけではない。山と青空によって隔てられています。両眼視差を利用して理解できる距離感は確かに実在する。しかし遠くの山並みや青空は、遠すぎて両眼視差を利用できません。右目だけで見ても、左目だけで見ても、遠方の風景は変わらないのです。だから、それはただのスクリーン、演劇の舞台で見る背景画のようなものかもしれない。

つまり、両眼視差を利用できない遠方は面のように見なすことが可能で、その限りで、視界はこの面によって区切られていると考えられるのです。視界の向こう側、山の向こう側はどうなっているのか、それは両眼視差を利用した距離感からは決してわからないのです。

私は、この見えない向こう側に対する、決してうかがい知れない外部性を「向こう側感」と呼びたいと思います。「向こう側感」を感じない限り、見ている風景は、それ自体で区切られ、その外側は虚無となります。**視界の先にまだ「何か」あるだろうという確信**が、「向こう側感」なのです。

ただし、「向こう側」にこちら側と同様の世界が続くだろうという感覚は「向こう側感」とは違います。同様に続くという感覚を「奥行き感」と呼ぶことにします。平凡な我々は「向こう側」もこちら側と同様に続くだろうことを経験的に知っています。しかし経験的知識は論理的真理ではありません。次の瞬間変わるかもしれない。いわば平凡な我々は**「向こう側」**を**「奥行き」によって隠蔽している**わけですが、重要なことは向こう側に対する直観です。ちなみに自閉症スペクトラムの人々は、向こう側に対する感受性が鋭く、これを奥行きによって隠蔽できないのです。

両眼視差を利用して遠近感を作り出すということは、ここで言う向こう側とは無関係です。両眼視差を利用できない遠方を面とする時、両眼視差が作り出すのは、その面からこちらに向かう凹凸、遠近感だけです。その向こう側については何もない。両眼視差を解消する、視界の限界である「あちら」と、わたしのいる「こちら」を結ぶ軸が得られることで、両眼視差の問題は計算処理を終了します。それ以上何もすることはない。人工知能は、当然のことながら、視界の向こう側なんて考えない。見えている範囲だけを見ている。それは向こう側のない視覚なのです。

では向こう側は、どのように獲得されるのでしょうか。私は、感覚が視覚など単一の感覚に固定されず、複数の感覚が働くことこそ、向こう側獲得の駆動力だと思います（図3－1B）。それは、視覚以外の何か、聴覚や触覚などが視覚に関与し、視覚を逸脱させることです。視覚と聴覚、視覚と触覚のように、組み合わせが決まっていて、互いの寄与の程度も予め決まっているような、そういった複数の感覚の相互作用を想定しているのではありません。

視覚的な感覚を想定しながらも、そこに触覚や聴覚が不用意に知覚に参与し、距離感に関して違和感を醸し出す。この時、視覚だけでは決してもたらされない視界の外部が、知覚に参与し、無限定な「向こう側」をもたらす。そういうことなのです。

触覚はその中でもとりわけ、視覚に異質な参与をもたらすでしょう。視覚刺激は極めて一方的です。瞼を開けば光は一方的に入ってきて視覚像を成立させる。しかしこのことは逆に、「わたし」が能動的に一方的に視界を作る、と言ってもいいでしょう。瞼を開き、見ようと意図するとき、視界はその都度作られるのですから。

対して触覚はどうでしょうか。触覚は絶えず、双方向的です。わたしが対象に触れ、作用するとき、必ず対象からわたしへの反作用があります。触覚は、わたしが一方的に対象に触れるのではなく、対象からも触れられることを意味するのです。

だから、触覚の方へ少しでも逸脱した視覚は、自らが一方的に構成するはずの、自己完結的なイメージを、対象からの力、風景自体の力によって、壊すことになります。触覚への逸脱が、視認された対象以上の何かを、視界に付与してしまうからです。視界に関する、問題と解決の間には、こうして両者間の一致を不可能とするギャップが現れ、外部を招喚する仕掛けが作られます。果たして、視界という枠組みの外部が、視界に侵入することになるのです。視界の外部に対する直観、すなわちそれが、ここで言う向こう側なのです。

私たち天然知能は、向こう側感を持って世界を認識しているのです。視界の外に、見えぬものの存在を確信できる。私たちの知覚や認知は、むしろこのように、**単独の感覚の外部**を伴って、成立するものではないでしょうか。自然科学はしかし、元来、まず単純な要素に分解し、次にその組み合わせによって複雑なものを再構成する、という理解の方法を採用してきました。人間の知覚や認知も、まずは単独の感覚に関する応答が研究され、次にその組み合わせ（相互作用）に関する応答を理解する、という段階を踏んできました。

例えばモニター上に、同じ色のついた球が左右上方から中央に向かって直進し、中央で交差し、左右下方へ落ちていく、そういったアニメーションが映されているとします。同じ色ですから、二つの球は衝突して弾き返されているのか、軌道の位置がモニター面の鉛直軸に関してずれていて交差しているのか、判定できません。どちらの解釈も可能なわけです。

しかし二つの球が交差する（＝衝突する）瞬間、カツンという衝突音を聞かせると、球は交差したのではなく、衝突したものと知覚されるのです。このような現象が、視覚と聴覚の相互作用に関する知覚だというわけです。[6]

認知科学が、単独の感覚から、組み合わせによる相互作用へ展開していく傾向は、外部を招喚することで成立する知覚、という観点から、好ましいものと考えられます。ただし、本来の感覚からの逸脱は、単純な組み合わせではなく、どのような感覚へ逸脱するか、どの程度逸脱するか、多様な自由度を持っているでしょう。むしろ全ての知覚は、そのような自由な逸脱に開かれた感覚のはずです。だからこそ私たちは、個別的な知覚に外部を伴わせ、向こう側を知覚できるのです。

いつから「わたし」になったか

第二章では、わたしの主観的感覚問題から出発して、記号と現象を相互指定する軸と、文脈指定の軸の接合を見出しました。本章では、その接合図式を、イワシの理解、未確認飛行物体の理解、両眼視差の理解に適用してきました。このような理解において、理解として想定される枠組み（問題・解決）では見出せない、外部がもたらされ、本来の意味での理解が成立したのです。こうして、「太平洋を泳ぐイワシ」や「宇宙人の乗り物」「見えない向こう側」がもたらされたのです。

それは、経験してもいないこと、想定外のこと、に対する備えを獲得しているということです。具体的に想定外の事態が起こったら、そのとき初めて判断し、これを知識に取り入れる、のではなく、備えを持つこと、これが、外部を受け容れること、なのです。

ここでは、指定の軸と文脈の軸の接合図式を、「理解が成立する」という過程ではなく、生物として生まれてから、「わたし」という主体が生まれてくる過程、に適用します。

わたしは、自分の意思とは無関係に、この世界において、自ずから（おのずから）生まれてきました。いわば自然の意思において、誕生させられたわけです。それが、成長の結果、主体として意思をもち、自ら（みずから）世界に自分の意思を発動していくようになった。

ここには、受動から能動へという大きな変化、「おのずから」から「みずから」へという大きな質的変化が認められます。

「おのずから」の視点において、不定な文脈（外部）は現れません。ここでは全てが受動的ですから、何でも「おのずから」決まるのです。つまり、全てを受動的に語る、三人称的視点が設定されることになります。問題として与えられる、「現象（受動）」の例が、例えばわたしの受動的誕生に関わる「受精卵の安定性」であり、解決として与えられる、科学的「説明」の例が、特定の物理化学的条件の指定です。もちろん問題は、受精卵の安定性に限りません。「おのずから」で規定される描像は、常に、三人称視点の設定において得られるのです。

「みずから」の視点は、世界の中にいる、この「わたし」から見ることを意味しています。一人称視点を設定する限り、「わたし」は自分の知覚したものだけを評価し、データ構造として記憶し、それを参照して、いま知覚されたものを判断するのです。それは「わたし」の肉体の外側にある対象に限定されません。「わたし」自身の欲求や意図においても、同様なのです。

問題と解決の対応関係は、わたしの意図と実現の対応関係になります。三人称視点と同じく、問題に対する特定の解決を見つけるだけですが、それが、「みずから」の意思の発動と呼ばれることになるのです。その限りで、問題は意図、解決は実現と呼ばれることになります。

さて、しかし、このわたしの発生過程・発達過程にあって、或るとき、「おのずから」から「みずから」への転換があったと考えられます。意識の芽生え、自我の芽生え、ですね。その瞬間は、三人称視点から、一人称視点へと、視点をずらさなければなりません。

空腹をもたらす物理化学的条件を例にとりましょう。例えば、脳が糖分の不足を信号として発するとき、それは問題として、「糖分の不足を補え」を意味するでしょう。三人称視点における解決は、「ブドウ糖」となります。ここで、三人称視点が一人称視点に変わったとします。突然「わたし」が現れます。

この「わたし」は、甘いものがそれほど好きではないのです。だから「ブドウ糖」と言われても、あまり糖分の含まれていないものを嗜好し、干した昆布を口にしてしまう。ここに、三人称的問題と一人称的解決の間のギャップが生まれ、兎に角、このギャップを埋めようと、当初想定していなかった、様々な可能性が、このギャップめがけて押し寄せることになります。昆布では満たされない、ブドウ糖の欲求。しかし、「わたし」の好きなものでなくては食べられない。三人称と一人称の齟齬が、問題と解決の一致を不可能なものとし、そこに様々な食品が、食べることができる物として押し寄せることになるのです。

かくして一人称さえ解体されます。

文脈の軸において指定される文脈は、一・五人称となります。これは特定の一・五人称という文脈を指定するというのではなく、一人称に位置しながら、そこから逸脱し続ける動勢を表すものです。そもそも一・五人称とは、そういう他者へのズレなのですから。

「問題」は、受動か能動かという問いとなり、それに則した解決は「世界かわたしか」なる選択になります。文脈の指定のズレのおかげで、それらは、曖昧な意味の問いであり、曖昧な解決になります。**外部に向き合った一・五人称の「わたし」は、もはや受動か能動か判別がつかない。**「何か食べたい」と能動的に感じるわたしは、しかしそれは外部によって「食べたいと、思わされている」でもあることを知っているからです。だから、「受動か能動か」という問いや、それに呼応した解決は、明確に決定できるものではなくなるのです。

「おのずから」から「みずから」への変化自体を取り込んだ描像、それが一・五人称的描像であり、天然知能なのです。文脈の軸を見出し、特定の文脈の外部（際限のない文脈）を見出した途端、私たちは、常に「おのずから」と「みずから」の間を際どく揺れ動く、天然知能全開の存在となるのです。

試合に勝って勝負に負けたサール

文脈の軸における、際限のない文脈（文脈の外部）を見出せないとき、「おのずから」と「みずから」の転換からもたらされる問題を、見逃すことになります。それは、心や意識の哲学にも認められます。典型的な例が、哲学者、ジョン・サールの議論です。[7]

サールは、計算機に意識があるか否かを判定しようというチューリングの提案（チューリングテスト[8]と呼ばれるものです）を批判して、「中国語の部屋」という思考実験を提案しました。

チューリングテストとは、次のようなものです。質問者の前にはカーテンがあり、カーテンの向こう側には人間と、計算機——いわゆる人工知能、が控えています。質問者は、カーテンの向こう側に向かって様々な質問をします。

「チェスの最初の一手はどう動かしますか」や、「明日晴れたらどうしますか」など、おおよそ通常、他人とする会話でなされるような、そういった質問を投げかけるのです。これに対して、カーテンの向こう側から、人間と、人工知能が、各々答えることになります。

「明日晴れたらどうしますか」に対して、カーテンの向こう側の一方は、「散歩でもしようかな」と答え、もう片方は「ランチは公園でします」などと答えるわけです。このとき、いずれが人工知能で、いずれが本物の人間なのか、判定できないようなら、その人工知能を、人間と同等の知性を持つと判定する――これがチューリングテストです。

外から見て、その振る舞いだけで知性を判定するのですから、チューリングテストに合格するような人工知能は、いくらでも実現できそうです。人によっては、物言わぬ人形やぬいぐるみにさえ、コミュニケーションを感じることができるのですから。

サールは、人工知能すなわち計算機を、英語でしか話すことも読み書きもできないアメリカ人のいる部屋、に置き換えました。この部屋は中が見えずスリット状の小窓があるだけで、そこから漢字カードを配列してつくった中国語の質問文を、「入力」することができます。

部屋の内部でアメリカ人は計算します。その計算とは、入力された文字列に対して、部屋の中にある大量の漢字カードを適宜並べ、小窓から「出力」することです。ただし、前述のように、中のアメリカ人は中国語が全くわからない。その代わり、部屋には、どのような漢字カードが入力されたとき、どのような漢字カード配列で対処すべきか、英語で書かれた完璧なマニュアルが用意されています。

アメリカ人はこのマニュアルに従って、入力された中国語の意味を全くわからないままに、完璧な応答ができるというわけです。

中国語の部屋は、意味を全く介さず、見かけ上、中国語を理解する振る舞いが可能、ということになります。この部屋が、心や意識を持たない計算機を表し、チューリングテストを皮肉っていることは明らかです。ここには「意味」が与えられていない。すなわち、チューリングテストは、意味を不問に付し、その質疑応答の振る舞いだけで、知性や意識、心の有無を判定しようとする。それは「意味」を介さない中国語の部屋に、知性や意識を認めることに他ならない、というわけです。

サールは、試合に勝って勝負に負けたのだと思います。彼は一見、チューリングテストの不備をつき、チューリングを論破しているかのようです。確かに我々は、中国語の部屋において、「意味が伴っていない」ことを実感できます。意味が伴っていないにもかかわらず、意思を持っているかのように振る舞える中国語の部屋に、知性を見出すチューリングテストは、テストとして機能していない、というサールの主張は説得的だと感じます。

しかし、ではサールは逆に、意味が伴っている我々の意識を、どう説明するというのでしょうか。神経細胞が電気信号を受け取り、それを機械的に処理して内部電位を上昇させ、或る電気的状態に至り、外部への働きかけを出力する、という描像は、まさに中国語の部屋です。

機械的な処理の物理法則は、中国語の部屋内に置かれたマニュアルであり、物理法則に従う単なる機械としての神経細胞こそ、マニュアルに従うアメリカ人です。そして、物理学の想定する神経細胞は、決してこれ以上ではない。そこに「意味」は伴っていないのです。

まさに意味の伴わない機械的処理系こそ、我々の脳であり、私たち自身である。この問題の困難さを徹底させ、激しく絶望しておく必要があると思います。

サールはその意味で中国語の部屋を提案したのでしょうか。そうではないようです。サールは絶望などしていない。彼は中国語の部屋と異なり、人間にあっては、意味が創り出される（創発と言います）、と考えてしまう。[9] 彼の思考は、そこで停止するのです。

そうではなく、サールこそ、中国語の部屋がいかにして意味を獲得するのか、と問わねばならなかったのです。部屋の中のアメリカ人が漢字カードを首尾よく並べることで、彼の頭にその「意味」が発生する、と。

神経細胞で、意味が生成され、脳で「わたし」が生成されるとは、まさにそのようなことなのですから。そして、アメリカ人の頭に意味が生成され、彼が意味を獲得することを素朴に唱えるなら、それは無から有の出現という意味での創発を唱えることになってしまいます。そして、実際、サールはそうするのです。これを克服するには、その背後に潜在する「わたし」の発見、その解体へ進むしかないのです。しかしそのときには、もはや素朴な創発主義は影を潜めることになるのです。


「おのずから」作動する中国語の部屋――機械として振る舞う神経細胞、が意味を獲得するには、そこに主体的意味生成――「みずから」への転換を見出さなくてはならない。しかしサールはそれを創発と言うだけで、「みずから」が解体された「観測者＝わたし」であることへと踏み出さない。

それは、外から中国語の部屋を俯瞰し、ただ、「みずから」のラベルを貼り付けることに他ならないのです。貼り付ける「わたし」を解体するとは、「みずから」と「おのずから」の転換の種となるような不分明な転換が「わたし」に内在することを解読し、転回することです。

サールは、「おのずから」から「みずから」への転換を内在化することで理解するというアプローチを、見逃しているのです。結局のところ、創発は、素朴な意味でしか概念が成立せず、その限りで不可能と考えるしかなくなります。だから、サールは、チューリングテストを批判し、試合に勝っているように見えて、意識の創発に対する理解を、みずから放棄することで、勝負に負けたのです。

中国語を理解する中国語の部屋

私は、サールに代わって、「中国語の部屋さえ中国語を理解する」「中国語の部屋さえ意識を持つ」と言いましょう。

そう言えないくらいなら、脳が意識を持つ、とも言えません。ただし、入力された電気刺激に対し、それが或る閾値を超えたら電気信号を発信する、という限りでマニュアル化できる神経細胞のおもちゃを、何億、何十億集めても意識の発生は期待できません。

同じ理由で、サールのいう意味において、漢字カードの入出力マニュアルに従うアメリカ人に、中国語の理解は期待できません。単純なものをたくさん集めることや、ずっと繰り返すことをしていれば、意識がもたらされる、わけではないのです。

決定的なものが足りないのです。それはすでに、指定と文脈の軸の接続図式によって明らかだと思います。決定的に足りないものは、文脈の軸に現れる「際限のない文脈」すなわち、**外部**なのです。

サールの想定した中国語の部屋では、問題−解決として、入力される漢字カードと出力される漢字カードが想定されています。まさにこの間の対応関係を保証するものが、英語で書かれた入出力マニュアルです。

つまり入出力マニュアルとは、問題としての入力漢字カードと、解決としての出力漢字カードとの間に、対応関係を成立させるための、固定的文脈であり条件だということです。ここには一切の、マニュアル化できない文脈、サールの想定外部は参与しません。

私の想定した中国語の部屋は、入力カードと出力カード自体が違ってきます。両者は、聞かれる・答えるという、カードに限定されないものになっている。もちろん、中国語の部屋と外部とのやり取りは、漢字カードのみで行われます。しかし、入出力マニュアルの使用が逸脱することによって、漢字カードの使われ方が限定されず、定義に不定さを許す、聞かれる・答えるの対にならざるを得ないのです。説明しましょう。

そもそもマニュアルの逸脱は、マニュアルの使用にあたって極めて自然です。まず、サールが想定したようなマニュアルの使い方を考えてみます。入力された漢字カードをマニュアルの中に探し、そこに書かれている出力カードに従って出力する、というだけです。

ところが大事な点が忘れられている。**マニュアルに従わないことが内在している**のです。ピンとこない方もいるでしょうから、まず、**マニュアルに従うということには、**マニュアルに従う中に、一切のエラーや、誤った解釈の余地がない、と言っておきます。マニュアルを読むものが人間であるにもかかわらず、間違いを想定していない。

エラーや誤解は、正しいマニュアルの使い方と独立に、付加されるものではありません。それは、マニュアルを使う中に、むしろ内在しているのです。そのような可能性が、サールの想定では、一切排除されているのです。

エラーや誤った解釈は、ごく自然に現れます。私は、自分が中国語の部屋に入っていることを想定してみて、すぐ気づきました。中で作業を進めていると、次々に入力カードが送り込まれてくる。これは相当焦ります。

例えば、「上」という文字が入力カードにあったとします。私は焦っていることもあって、「上」をマニュアルで調べてみても、どうにも見つからない。本当はあるのですが、作業が遅れることを懸念する、中国語の部屋の住人（私）は、カードの上下が違っているのではないかと勝手に解釈する。「外のやつが、間違えやがった」というわけです。何かヘマをすると他人のせいにする、悪い癖です。

そこで私は、入力された「上」を上下回転させてみます。それは、「丅」という文字になります。私は、この、本来漢字ではない記号を、マニュアルの中に探すことになるのです。ここで、幸か不幸か逆さにしてみたパターンとそっくりの漢字が見つかってしまう。それは、「下」という文字です。もちろん、それは「上」の反転文字とは異なります。しかし焦っている私は、まさに探している文字はこれだと取り違えてしまう。

こうして私は、「上」の倒立像「丅」を正しい漢字と思い、さらにそれと「下」を混同し、マニュアルで、「下」に対応するよう記述された漢字カードを、出力することになるのです。その対応は、もはやサールが想定したマニュアルによる対応を逸脱するものです。

さらに、漢字の入出力操作に慣れてきて、すこしばかりの漢字を覚えてきた部屋の住人は、マニュアルを引くことを場合によっては省略してしまう。こうして、わかったつもりで、誤った漢字カードを並べ、出力することになるのです。

粛々と作業を進めようとするために、マニュアルのエラーは不可避的に起こる。これがマニュアルの逸脱です。この時、入力カードと出力カードの対応は、マニュアルによって実現されるわけではない。マニュアルに従うのではなく、入力カードには、部屋の住人の推論や憶測を伴って、出力カードが選ばれ出力される。だから漢字カードは、もはや、意味を持たない単なるパターンとしてのカードではないのです。

入力されるカードは、「聞かれる」ことであり、それに対するカードの出力は「答える」ことになっていく。両者を媒介し対応関係を決定するマニュアルは、機能しません。聞かれる・答えるの間は、原理的に乖離し、大きなギャップが開くしかないのです。

さて、部屋の住人の度重なるエラーの出力に、同じ入力カードが繰り返されることになるでしょう。それは「間違ってますよ」とか「何を言っているのですか」に類する入力カードでしょう。最初は、自分の憶測が間違っていることに気づかなかった部屋の住人も、繰り返される同じ入力漢字カードに、ようやく気づくことでしょう。部屋の外の人は、疑問を呈しているようだ、と。

そして、その漢字カードの意味を突破口に、部屋の住人は、中国語の意味を理解していくことになる。マニュアルの逸脱によって、マニュアルを（サールの意味で）正確に使うことの外部が招喚され、中国語の理解が成立するのです。

さて、読者であるあなたは、それは中国語の部屋の住人が人間だから成立したのであり、神経細胞の場合、解釈の多様性やエラーから「理解」が生じるなどあり得ない、そう思うでしょうか。そんなことはありません。それについては、次章で述べることにしましょう。

4

カブトムシ——努力する神経細胞

前章の最後に、中国語の部屋もまた中国語を理解する、と論じました。中国語の部屋は、中国語を理解する天然知能だったのです。しかし、中国語の部屋の「理解能力」は、判断能力を持った人間の能力に由来するようにも思えます。

そうではありません。人間がいなくても同じことです。ここでは、まず、単純な機械仕掛けと想定されている、神経細胞について考え、神経細胞も天然知能であることを示します。神経細胞は、外部とやり取りをして努力する者に見えますが、擬人化ではありません。この議論を拡張して、この世界自体も天然知能であること、わたしが勝手に並べて作る言葉さえ、天然知能であることが示されます。そこら中、天然知能だらけなのです。

信号を理解する神経細胞

脳を構成する神経細胞は、他の複数の細胞からの信号を受け取り、簡単な計算をして、他の細胞へ信号を発信する、そういう特殊な細胞です。信号は電気的なものですが、計算は細胞内の水溶液中で実行される生化学反応です。[1]

人工知能のみならず、科学では、神経細胞を機械とみなします。受け取る入力信号と、発信する出力信号、その両者を対応づける計算は、数式で表現されます。数式で書けてしまうのは、神経細胞の挙動が、現実の実験条件下でその数式に近似できることを意味します。多くの場合、この近似された神経細胞を現実の神経細胞とみなしてしまう。ここに、人間や生命を機械＝人工知能、とみなす誤りの根源があります。

（近似された）神経細胞の場合、指定の軸は、入力信号と出力信号の対応が一対一に決まることで、ズレはありません。特定の実験条件（文脈）が指定されることで、特定の入出力関係以外の可能性は排除されます。だから想定されない外部は決して関与しないのです。

神経細胞を機械とみなす描像は、経験則として得られた近似であり理想化です。現実の生物の実験環境は極めて多様な物理的要因に晒され、かつ生物素材を生かすために常温で雑音の入りやすい環境となります。したがって原理的に、完全に同一の実験条件を指定しコントロールすることはできません。様々な、異なる実験条件が、一つの同じ実験条件とみなされる、そういった理想化がなされているのです。

様々な実験条件という違いがあるにもかかわらず、経験的にほぼ同じ実験結果がもたらされた。ここに重大な意味があるのです。しかし、このことを忘れ、「実験条件はまさに一つに指定できていたのだ」と考え、実験条件に関する理想化を現実とみなしてしまう。特定のうまい実験条件さえ指定できれば、入力と出力の関係を決定することが可能で、それ以外の関与は一切ないというわけです。

「他の細胞からの信号を受け取り、簡単な計算をして信号を発信する」、という近似は、サールが行った「機械のようにマニュアルに従うアメリカ人」と同じ理想化です。マニュアルに従わない可能性がサールに忘れられたように、神経細胞でも何かが忘れられている。それを考えてみます。現実の神経細胞の環境は、水溶液や様々なタンパク質に満たされ、溶液の濃度は場所ごとに微妙に不均質で、微妙な流れもあるでしょう。それは神経細胞の電気的特性をわずかであっても確実に変え、神経細胞の環境を変えているのです。

同じ条件のもと、同じ振る舞いをするというのなら機械的と言えます。しかし現実の神経細胞は、微妙に異なる環境であるにもかかわらず、同じ入出力関係という結果をもたらし、かつ稀に異なる結果をもたらすのです。それは機械的振る舞いでしょうか。

特定の実験条件を指定しているつもりが、逸脱している。その結果、入力に対する出力が一つに指定されるという、機械的対応関係は、成立しないはずなのです。条件・環境が逸脱によって異なるので、評価基準が異なり、入力信号は、意味を異にするからです。

もはや入力と出力の対応関係を常に一致させることはできません。両者は原理的に差異を生み出し、その溝は埋まらないのです。にもかかわらず、結果的に入出力関係には、機械的な対応関係を見出せます。それは、入力と出力のギャップを埋めるように、機械的に想定される状況の外部（無限定な条件）が参入し、結果的に機械的な挙動がもたらされた、ことを意味するのです。まるで神経細胞が、人知れず「努力」しているように見えます。こちらのうかがい知れないところで、神経細胞は努力し、その結果、機械的挙動がもたらされる。ここにきて、中国語の部屋の住人であるアメリカ人同様に、想定されている対象（ここでは神経細胞）が努力し、外部を招喚しているという存在様式＝天然知能、が見出されます。

「努力」を宙づりにする天然知能

この「努力」は、本当に神経細胞に由来しているのでしょうか。そう唱えるには、神経細胞を外部から閉じさせないといけません。何しろ神経細胞に、努力の発信源を見出すわけですから。しかし、神経細胞が閉じることはありません。むしろ質的に異なるあらゆるものを受け容れているのです。その結果、努力しているように見えるのです。どういうことでしょうか。

異質なあらゆるものを受け容れるからこそ、入力と出力の、一対一の対応関係は壊れます。同じ理由で、壊れた対応関係は修復され、この破壊・修復の反復運動が延々と繰り返されます。

神経細胞は入力信号の値が、特定の限界値を超えると、出力するように設定されています。それは水を出しっぱなしにしたバスタブで、一杯になったら溢れ出す設定と一緒です。溜まる水の限界値が決まることで、入力値と出力値の対応関係は決まっているのです。

バスタブは水だけでなく、あらゆるものを受け容れるとしましょう。砂利や大きな礫、粘土や重油、さらには水場を求める生物たちです。なんでも受け容れるから、巨礫はバスタブに穴をあけ、バスタブは水を貯めることができなくなる。水を一定量貯めて、溢れさせることは不可能となります。

こうして、対応関係のギャップが開きます。

しかし、同じくバスタブはあらゆることを受け容れるからこそ、破損した穴に砂利と粘土が自然に詰まり、重油でコーティングして穴を塞いでしまえるのです。場合によっては、やってくる生物が穴を掘ってまた壊し、さらに別種の生物が穴に石をつめて修復してしまう。もちろん、そのいびつな修復は、当初設定された貯水量をわずかに変えるでしょう。入力と出力の関係は、修復されることで、わずかに、ずらされるのです。

最初のバスタブはどこからきたか？ もちろん以前も同様の環境がそこにはあった。多様なものが堆積し、中央に溝が掘られ、おのずから作られたのです。おのずとバスタブが形成されるような環境に囲まれた場所＝存在、だからこそ、そのバスタブは維持されるのです。たまたま壊れても、自己修復したかのように修繕され、維持される。それは異質なものを受け容れる存在なのです。

受け容れるのが水だけなら、問題は量だけです。水量の少ない・多いは、溢れさせる時間、反応時間に違いをもたらすだけで、バスタブ自体（神経細胞）に影響は与えません。異質なものを受け容れるとは、バスタブ自体さえ影響を受け、構造が変わることで機能が変わることです。これが、中国語の部屋が中国語を理解するように、神経細胞は信号を理解することの意味なのです。

だからこそ、結果的に「同じ」入力に対し、概ね「同じ」出力をもたらすという機械的対応が実現される。あらゆる異質なものを受け容れるその場所は、様々な質が様々に変化する、多様な運動の場です。そこにあって特定の質に注目し、量の変動を評価するとき、神経細胞は同一性を担保した一個のモノとみなされ、そのモノにおいて結果的に現れる安定な振る舞いが、見かけ上の「努力」をもたらしてしまうのです。

壊れて修復されたバスタブは、石や粘土、重油で構成された質的に異なるものです。それでも「バスタブ」であるとの同一性を担保するとき、バスタブの努力が見出されるわけです。かくして、現実の神経細胞は天然知能だったのです。


単純な神経細胞でも、数億、数十億と集めれば、或る数に達すると、その振る舞いが複雑さの限界を超え、意識が発生する。科学者はそのように考えます。それは、神経細胞を単純な機械仕掛けと想定し、神経細胞の「努力＝異質性の全面的受け容れ」を忘れている点で、間違った議論だと言っていいでしょう。

異質性の全面的受け容れが認められるからこそ、外部からの受け容れが、質の種類に関して限界を突破する。本当のところはそういうことでしょう。意識はむしろ、外部の力によって発生するのです。

擬人化の向こう側

天然知能の描像は、一見擬人化のような体裁を取りながら、擬人化を実現する解釈者（わたし・文脈）を解体し、宙づりにすることで、擬人化の向こう側へ達します。擬人化は、詩的で、情緒的で、何か豊かな精神世界を感じさせますが、「わたし」による世界の勝手な解釈に過ぎません。

同じ入力に特定の出力を対応させる神経細胞を「機械」とみなすとき、ここに擬人化は認められません。しかし、神経細胞が同じ入力に対して、時々想定外の振る舞いをすれば、何か生き物らしさを感じるでしょう。「わたし」が思う、特定の機械的振る舞いと、同じく「わたし」が想定した、機械的振る舞いの外部とのバランス、ここに擬人化が生まれるわけです。

ただし機械的振る舞いとその外部のバランスは、「わたし」が想定したもの、「わたし」の都合で決まるのです。「外部」は、わたしの許容範囲か、いずれわたしの役に立つものである限りで、「外部」と呼ばれるのです。わたしが考える意識・他者・外部を、閉じたわたしにおいて想定すること、それが擬人化です。

「わたしの思い通りにならない他者こそが、他者であり本物の人間である」と唱える「わたし」を想定してみます。それは、一見度量のある態度に見えます。ところが、これが他者の定義になってしまうことを想像してください。昨日まで「わたし」にことあるごとに反発していたあなたは、「わたし」に他者とみなされ、実は「わたし」に見込まれてさえいた。

しかし、あなたは「わたし」に見切りをつけ、反発しても無意味であるから、これからは従順にいこう、と思い直す。大人しく従順になったあなたは、「もはや他者ではなく、他者の純粋さを失った」と「わたし」に言われます。想定を超える者としての、他者の定義を満たさない者は、マニュアル通りにしか動かない、取るに足らない人間だ、と決めつけられることになるのです。それは「他者＝本物の人間」とは認識されないことを意味するのです。

現実の神経細胞はその意味で機械的振る舞いの努力をし過ぎたのです。「あいつは純粋な他者でなくなった」と同じ意味で、「神経細胞は機械だ」と言われているのです。

外部を認めようが認めまいが、「わたし」が決めた定義に一切の反省がなく、「わたし自体からの逸脱がない者＝擬人化する者」は、果たして厄介な独裁者なのです。擬人化、すなわち、都合のよい「他者＝本物の人間」など、すぐに解体されてしまいます。

神経細胞においてもまた、擬人化は解体されてしまいます。前の節で述べたように、バスタブで類比された神経細胞は、無際限の外部によって壊され、無際限の外部によって回復し、特定の機能・構造を結果において実現するのです。だから、特定の機能・構造さえ、不変ではなく、次の瞬間、変更され、変化し、完全に壊れてしまうかもしれない。特定の機能・構造と外部との関係を設定しても、それはすぐさま解体される。つまり擬人化する文脈＝擬人化する者自体、が解体されてしまうのです。

特定の見方を指定する擬人化は、一人称的描像であり、人工知能・自然知能の描像です。特定の見方、文脈を解体し、特定の「わたし＝文脈（を指定する者）」が解体される時、そこに、「言うことを聞かない人」も含め、わかりやすい人格は見つけられません。天然知能は、こうして、擬人化の向こう側に辿り着くのです。

現実とVR（仮想現実）は違うのか

勝手な擬人化ができない、という議論を、少し一般的に考えてみます。哲学では、お湯に手を入れて「温かい」と感じる時、「温かい」が脳の中にあるのか、湯の中にあるのか、どちらなのかという議論があります。[2] これも「お湯」とそれ以外の区別の設定を勝手にできるか、という議論で、勝手な擬人化の延長線上にある議論です。ここから、「世界全体」が天然知能である、という結論が導かれることになります。

通常は、お湯の中にあるのは熱量だけで、「温かい」は、これに手を入れて脳の中にその時現れた、と考えます。その時の「温かい」といった主観的感覚は、その時、その場所で出現した、と考える。ところが、それは、無から有の出現を意味しますから、あり得ない。だったら最初から湯の中にあったと考えるしかない。哲学者はそう考えます。

さしあたって「温かい」は湯の中に存在する、ということができます。[3] わたしが知覚し、認識する世界は、わたしの脳が創り出しているのは明らかです。わたしの目の前に置かれた湯の入ったコップは、視覚情報からその映像表現が創り出され、ちょうど目の前三十センチに置かれているように遠近感が創り出され、その位置に手を入れると、「温かさ」が、脳によって創り出されるわけです。

近年の仮想空間型ゲームを思い出してください。今や、ヘッドマウントディスプレイによって頭を自由に動かし、全方位の視界を仮想空間として楽しむことができますし、グローブ型コントローラで、仮想空間内の物に触れ、形や硬さを感じることもできます。現実にその仮想空間内にいるかのように、視覚と触覚、聴覚刺激を感じることができるのです。

このような仮想空間を、私たちは、現実とは異なる空間と考えますが、現実もまた同じことではないでしょうか。現実は、むしろ疑いようのない、**超仮想空間**というわけです。ゲームで体験される仮想空間は、ヘッドマウントディスプレイを外した瞬間に消え、目の前に現実が現れます。だから仮想空間は、本物ではない世界と認識されます。

超仮想空間としての現実は、脳の（身体の）外部との相互作用があるように思われます。外から光がやって来て網膜に結像し、脳が物の「見え」を創り出すわけです。そこが、ゲームの仮想空間とは違っているように思えます。現実にコップが置かれているから、そこからの反射光がコップの「見え」を創り出している訳で、現実と無関係に勝手にコップが見える訳ではない。しかし、コップがあるから見えているのか、見えているからそこにコップがあるのか、どちらが正しいか確定できません。知覚される対象と創られる対象とのフィードバックがあるだけです。

ゲームにおける仮想空間の触覚を考えてみてください。現実に物はないのに、手触りが創られ感じさせられるだけで、グローブで摑んだ位置に、その物が置かれていると感じるのです。実現されているのは、摑もうと能動的動作をするグローブに対し触覚がフィードバックしているだけです。ここから触覚をもたらす物の実在性が、瞬間的かつ遡求的に創られてしまう。自分で創って自分で知覚する意味で、仮想空間はその外部を必要としない、自己充足的世界なのです。
現実という超仮想空間も同じではないでしょうか。素朴に考えるとそうなります。現実は、決してヘッドマウントディスプレイを外せない、超仮想空間として開設されているのです。だから、超仮想空間という現実における湯は、すでに脳の中であるという意味で、「温かい」は湯の中に実在する、とさしあたって言えるのです。

このさしあたっての答えは、破綻します。超仮想空間の中で、「温かい」が湯の中にある、と言えるとは、手を湯に入れてみればいつでも「温かい」と感じることができる、ということです。超仮想空間は、そのように、わたしの外の湯に「温かい」を配置しているのですから。

ところが、感覚は時に、それまで全く感じたことのない、異常な感覚へと変貌します。湯に触れた時の心地よさが消え、ただただ痛みを感じ、湯に触れている手の表面がどこにあるのか、わからなくなる。木綿の下着を着る時、ふわふわした心地よさが一切消え、触れることに異常に過敏になる。また今まで存在した、事物に伴うリアリティーが全て消失し、事物が色や艶を失ってしまう。自分が世界の中に投げ込まれていて、ずっと生きてきたという感覚[4]がなくなり、目の前の事物が全て嘘っぱちのものに見えてくる。そういった事態が、私たちの生活には時として起こり得ます。[5]

そのような不測の事態は、超仮想空間の中で、「わたし」の境界や「お湯」の境界を変えています。「温かさ」の解釈がわたしの中で変わるだけなら、解釈の変化の原因は、超仮想空間内のわたしの外に起因する、と言えるでしょう。しかし、境界の変化は、「わたしの外」の定義さえ壊す変化なのです。

世界の中に「わたし」が存在し、「わたし」の外部にはリアリティーを伴う事物が配置されている、といった「わたし」と世界の境界が変質してしまう。それは超仮想空間全体が被る不備であり、(超仮想空間内の)「わたし」と世界の区別に関する不備、「わたし」と世界の対応関係に関する故障なのです。

超仮想空間を故障させた原因はどこからきたのでしょうか。超仮想空間内の「わたし」の故障なら、その原因を「わたし」の外部の超仮想空間内部にもっていけますが、超仮想空間自体の故障の原因は、どこにももっていきどころがない。無から有が許されない以上、原因は、超仮想空間外部にある、と考えざるを得ないのです。こうして超仮想空間さえ、閉じた世界ではなく、外部を招喚する天然知能だったことが、明らかとなるのです。何しろ、外部を示唆する経験があるにもかかわらず、わたしはこの世界が実在するように安定だと思えるのです。それは世界が外部を受け容れながら、**開きつつ閉じる**天然知能だからなのです。

特別に訓練されたカブトムシ

最後に言葉について考えてみます。一つの言葉は一つの辞書的意味を持ち、だから私たちは、言葉を使うことができるように思います。言葉によっては、複数の意味を持つものもありますが、一つの辞書的意味に限定されていると考えられる、「硬い」言葉もあります。そのような硬い言葉を並べれば、意味はより限定され、複数の言葉を並べた造語は、意味の組み合わせで、意味が明確に決まりそうです[6]。

ところが、言葉もまた天然知能なのです。言葉を並べることで、組み合わせどころか、逆に外部の、想定外の意味が招喚されるのです。

「特別に訓練されたカブトムシ」という造語を考えてみます。「特別に」の意味は、普通ではない、異例のやり方を意味するものです。「訓練された」はある振る舞いを徹底的に学習させられたこと、を意味するでしょう。「カブトムシ」は日本原産の大型甲虫を意味します。ならば「特別に訓練されたカブトムシ」は、その組み合わせとして、なんらかの行動をするべく訓練されたカブトムシを意味しそうです。

昆虫は様々なことを学習しますので、カブトムシが何かを学習することは可能でしょう。しかし通常、生物学の実験以外で、カブトムシに訓練を施す状況があるでしょうか。これに対して、「特別に訓練された」は、カブトムシの訓練が常態化し、極めて特殊なスパルタ教育が、ここに実現されたことをイメージさせます。

カブトムシによる世界征服を信じている秘密結社があって、とうとう「特別に訓練されたカブトムシ」開発の成功にこぎつけた。そういった異様さが、「特別に訓練されたカブトムシ」からは醸し出されています。もはやここでの「特別に」の意味は、通常のものと比較可能なレベルを逸脱した、異様さを有しています。「訓練された」の意味は、そもそも訓練として成立しないような訓練、訓練を逸脱した特殊能力さえ意味しそうです。「カブトムシ」は単なる昆虫ではなく、何か強靱な意志を持った、スーパーカブトムシを意味しています。これらは、三つの言葉が、組み合わさり、「特別に訓練されたカブトムシ」となった時に初めて現れた意味なのです。

もちろん全体の意味が、その組み合わせで決定される、そういった近似が成立することもあるでしょう。そのような近似が成り立つ例として、「サバ猫」を考えてみます。サバ猫は、文字通り、魚のサバの複雑なシマ模様に似たシマ状の模様を持つ猫のことです。茶色のシマ模様が動物のトラを想起させ、茶トラと呼ばれるのに対し、青みがかった灰色のシマ模様をサバに重ね、サバ猫といっているわけです。つまり辞書的意味に文脈が指定され、それによってサバ猫の意味は「サバ」と「猫」の組み合わせとして理解されるというわけです。

これに対して「特別に訓練されたカブトムシ」では、辞書的意味から逸脱し、言葉と意味の間に、様々な想定できない意味が、外部から流れ込んできます。外部から意味を招喚するその存在様式は、天然知能のものです。

「サバ猫」と「特別に訓練されたカブトムシ」の構造をまとめておきます。辞書的意味という文脈に固定する限り、「サバ猫」のように言葉と意味は一対一に指定されます。「特別に訓練されたカブトムシ」の場合、何か禍々しいイメージが奔流のようにやってきて、単純な意味の組み合わせから意味を略奪し、新たな意味へ変更されます。この意味の変更は、原理的にとどまることを知らない。「秘密結社によって実現された超カブトムシ」ですら一過性の意味なのです。

もちろん、「サバ猫」ですら近似に過ぎません。「サバ猫」もまた天然知能であり、少しでも解釈者、文脈が変更されれば、たちどころに意味を変える。例えば、サバに似ていてサバが大好きな猫というように。かくして言葉もまた、天然知能なのです。

果たして、機械的生化学反応の実体も、「世界」も言葉も天然知能だったのです。

5 オオウツボカズラ——いいかげんな進化

本章では、これまで次第に明らかになってきた、天然知能の構造を、生物や概念の進化という文脈で規定し、その意義をアリストテレスの哲学を介して論じた後、数理モデルとしてどのように実装されるか、可能性の一つをみておきます。つまり自然科学への接続が、本章のねらいです。

適応戦略の天然知能化

ウツボカズラという生物をご存知でしょうか。葉の主脈が伸びてツルになり、その先端は袋状になっている食虫植物の一種です。袋の底には、消化液が溜まっています。この仕掛けの上部では蜜のような液が分泌されるため、昆虫はそれを求めてやって来ます。そこは滑りやすく、蜜を舐めていた昆虫の多くが足を滑らせ、袋の底へ落ち消化されてしまうというわけです。ウツボカズラの形態は、まさにこの、昆虫を捕らえるための罠、という機能を果たしています。この機能ゆえに、ウツボカズラは、蜜を求める昆虫が多いジャングルに適応したのだ、と考えられます。

適応戦略とは、環境に適応するために、生物が採用している形態や行動を意味します。戦略という言い方が何か擬人化を感じさせますが、そうではなく、環境に適した一個の機能が明確で、それに対応可能な方法（戦略）を明確に定義できる、という意味で戦略と言っているのです。[1]

適応戦略として考えると、ウツボカズラでは構造と機能の関係が一対一に決まると考えられます。袋状構造の機能は、昆虫を捕獲・溶解するための機能以外、考えられない。逆にその機能を実現する構造は一見色々ありそうですが、植物の葉や茎の構造から変化させて実現する、という制約を考慮する限り、やはりこの袋状構造以外にはないと考えられるのです。だから構造と機能は一対一で、ここに「適応戦略」を見出せる、と説明されます。

ところが、適応戦略とは言えない例が、オオウツボカズラで明確に認められます。オオウツボカズラは大型のウツボカズラなので、昆虫というよりむしろ小動物に対する罠になっています。基本的構造はウツボカズラと同じです。ただ葉の上半部はそのまま葉として残り、それが袋状組織の蓋のように見える構造を呈しています。

この蓋から、甘い蜜が分泌され、小動物はその下に位置する袋状組織の上縁にまたがって、蓋の甘い蜜を舐めるのです。小動物は様々な大きさのものがいますから、その大きさに依存して、袋のまたがり方も様々です。ネズミなど、とりわけ小さな動物は、袋の上縁に辛うじて足をかけ、蜜を舐めます。時としてその足は滑って縁から外れます。ネズミは袋の底に落ち、繊維状組織に絡め取られ身動きが取れなくなり、そのまま消化されることになります。それは、ウツボカズラが昆虫に対して行っている戦略と同じです。

問題は、もっと大きなヤマツバイと呼ばれる、リスの仲間の場合です。彼らはしっかりと袋の上縁に足をかけ、安定した姿勢で上蓋の蜜を舐め続けることができます。蜜を舐め続けるヤマツパイは、舐めながら糞を落とし、ツボの底に糞を残していくことになるのです。ヤマツパイに関してオオウツボカズラが狙っているのは、その肉体ではなく、糞だったのです。この蜜には下痢を促す物質が含まれるため、ヤマツパイがこの場所で糞をするのには必然性がある、と説明されます。[2] 蓋つき洋式トイレのようなその形状と相まって、オオウツボカズラ＝森のトイレ、という説明は、説得力を持って聞こえます。

オオウツボカズラにあって、形態と機能の関係は一意に決まっていると言っていいのでしょうか。ネズミに対しては罠、ヤマツパイに対してはトイレと、あらかじめ二つの使用法が用意されていたという意味で、機能が定まっているように思えます。

本当にそうでしょうか。ネズミに対しては、繊維が絡まる消化液の海、ヤマツパイに対しては便意をもよおさせる薬効、というような説明は、機能が特化していることを示すようです。しかし葉の内部には、もともと繊維が絡まった海綿状組織がありますから、変形して空隙でもできれば、そこに繊維状の組織が存在するのは自然です。蜜に下痢誘引剤が含まれるといった話も、灰汁抜きをしないと腹痛を起こし下痢をする多くの野草を思い出すなら、特殊なことではありません。つまりそれは、ネズミの捕獲やヤマツパイのトイレに特化した機能というわけではない。

すなわち、形態と機能の関係は一対一に決定できるようなものではなく、両者は乖離し、その間には、形態と機能の関係を接続するかのように様々な動物がやってくる。仮に、一般のウツボカズラの機能が小動物を捕らえる罠だとして、それが大型化したものがオオウツボカズラだとしましょう。しかしこの大きな形態は、大きいがゆえに想定外に大きい動物まで呼び寄せてしまった。その結果、当初想定された捕獲のための罠という機能外部に位置づけられた機能、が実現されたというわけです。

　おそらく進化とはそういうものです。適応戦略を指定し、進化を説明したつもりになると、構造と機能の関係が一対一に決まっていない過程を考えないことになる。[3] 様々なもの（ここでは動物）がやってくる外部の意義を見落としてしまうのです。

　形態と機能の間には或る種の自由が、融通無碍がある。だからこそ、その間に様々な生物が呼び込まれ、新たなオオウツボカズラと環境の関係が進化し得る。これはオオウツボカズラに限定されるものではなく、ウツボカズラでもそうであるし、生物一般にそうだと考えられます。

　形態と機能の関係が一対一に決定されるなら、「形態＝機能」を担う進化的単位が決定され、環境に対してどの進化的単位が有利だったか、説明が可能となります。しかし進化的単位は、適応戦略という特定の文脈から導かれる、人為的単位に過ぎないのではないでしょうか。進化し得る生物とは、外部を受け容れる天然知能に違いありません。

「ヤバイ」の変質、概念の変質

　生物の形態と機能の関係に見出された議論を、概念について見ていくことにします。概念といっても別に難しいことではなく、性質の定義と具体例の対で決まるものを、概念と考えます。性質の定義を内包、具体例の集まりを外延と言います。
例えば、昆虫は概念です。その内包は、「体が頭・胸・腹から構成されること、六本足であること、四枚の羽を持つこと」となります。外延は、「カブトムシ、カマキリ、アゲハチョウなどの集まり」となります。内包は概念の定義にあたりますが、外延が示されないと、何を言っているのかわからない。外延で文脈がなんとなく指定され、内包を見ると明確に文脈が固定され、内包と外延の対応関係が決まってくる、という感じです。内包と外延の対応は一対一で、この対となる性格を双対性と呼ぶことにします。[4]
本節では、前節の、オオウツボカズラの議論を通して、指定の軸と文脈の軸の接続に見出される、指定関係の変質を一般的に考えます。いわば天然知能の構造に、概念の変質・進化を見ていくわけです。

考えやすい概念の変質として、「ヤバイ」を取り上げます。少なくとも二十年ぐらい前なら、「ヤバイ」は否定的意味でしか使われませんでした。それが今では若者を中心に、肯定的に使われます。若者に限っては、これが否定的に使われることは殆どなく、肯定、否定いずれの意味で使われているのかわからない、といった混乱はありません。つまり、否定的だったものがいつのまにか、否定の外部にあった肯定へと転用されているのです。
「ヤバイ」を考えるためにオオウツボカズラをもう一度見直してみます。ここでも「森の罠」という役割の外部にあった「森のトイレ」へと、いつの間にか転用されたわけですから、本質的には「ヤバイ」の意味の変質と、同じことだと思われます。もちろん、この転用は近似に過ぎません。構造と機能の間にギャップがあり、様々な動物がそこに招喚されるからこそ、「森の罠」の時ですら、ある動物には「森のトイレ」だったろうし、主たる機能が「森のトイレ」へ変化した後でも、別の動物にとっては「森の罠」であり続けることもある。構造と機能の間のギャップが内包と外延のギャップに置き換えられるとき、言葉と意味の関係もまた、近似でしか一対一には決まらないのです。

前述のように、森の罠が森のトイレに変化していく鍵を握るのは、オオウツボカズラを利用する動物の変化、オオウツボカズラの解釈者（動物）の変化です。図5－1は、形態と機能の一意な関係における媒介者の役割を示しています。Aではオオウツボカズラの形態を、蜜の出る蓋、袋の上縁、袋内の消化液で特徴づけています。これらの形態が、解釈者によって変化するというわけです。

「袋の上縁」という形態的特徴は、体が小さく、余裕をもって袋をまたげないネズミにとって、極めて不安定で危険です。その結果、その機能は「滑りやすい」ものとなります。「袋内の消化液」という形態的特徴は、落ちたネズミを溶かすものとなります。だからその機能は、「肉体を溶かす」となります。つまりネズミは、ここに示した形態的特徴と、「滑りやすい・肉体を溶かす」機能を結びつける媒介者と考えられます。

同じことをヤマツバイで見てみましょう。大型のヤマツバイにとって、袋の上縁はまたぐのにちょうどいいサイズであり、摑まるのにも都合のいいサイズです。その結果、図5－1Aで示したオオウツボカズラの形態的特徴は、ヤマツバイを媒介として「安定している・便を溶かす」機能と結びつく。こうして、オオウツボカズラの役割は、森の罠から森のトイレへと変化したのです。適応戦略という文脈を逸脱することで露わになった森の現実は、外部から様々な動物を、機能と構造の媒介者として招喚したのです（図５－１B）。

図５－２には「ヤバイ」の変質の例を二つあげます。これによって外部の招喚が、媒介者の関与として理解できると思います。オオウツボカズラの構造と機能は、外延と内包に置き換えられています。

図５－２Aでは、「ヤバイ」の意味がまだ否定的に扱われていた時代の、とある高校、そこに通う高校生を想像してください。彼らにとってヤバイ同級生とは、いわゆる不良のことであり、見かけも「近寄るな」というメッセージを発した、危険な雰囲気に包まれた奴らでした。「ヤバイ」の特徴は、恐喝をしたり、置いてある自転車を勝手に使ったり、様々な悪事を働くことですが、悪事にも程度があってイタズラ程度のものから犯罪まで様々なものが想定されます。「壁を蹴る」は、当人の内部のフラストレーションや、無根拠に湧き上がる苛立ちを感じさせるもので、「ヤバイ」の代表的な特徴になっています。

その中でもダイキは、不良の代表格で、みんなから「ヤバイと言えばダイキだ」、と言われています。以上を内包、外延でまとめておきます。内包は、「ヤバイ」の特徴的性質として、「恐喝する、壁を蹴る」。外延は「ヤバイ」を指し示す具体的形態として、「危ない同級生」となります。両者を媒介するものが、ダイキです。

そのような高校に、よく見ると変わった生徒がいました。ケイです。彼もまた寡黙で危ない雰囲気を持っています。そして何より、人目につきにくい場所で壁を蹴っているところが目撃されました。こうしてケイは、ヤバイ人と呼ばれるに至ったのです。しかし、当初から女子は騒然としていまし

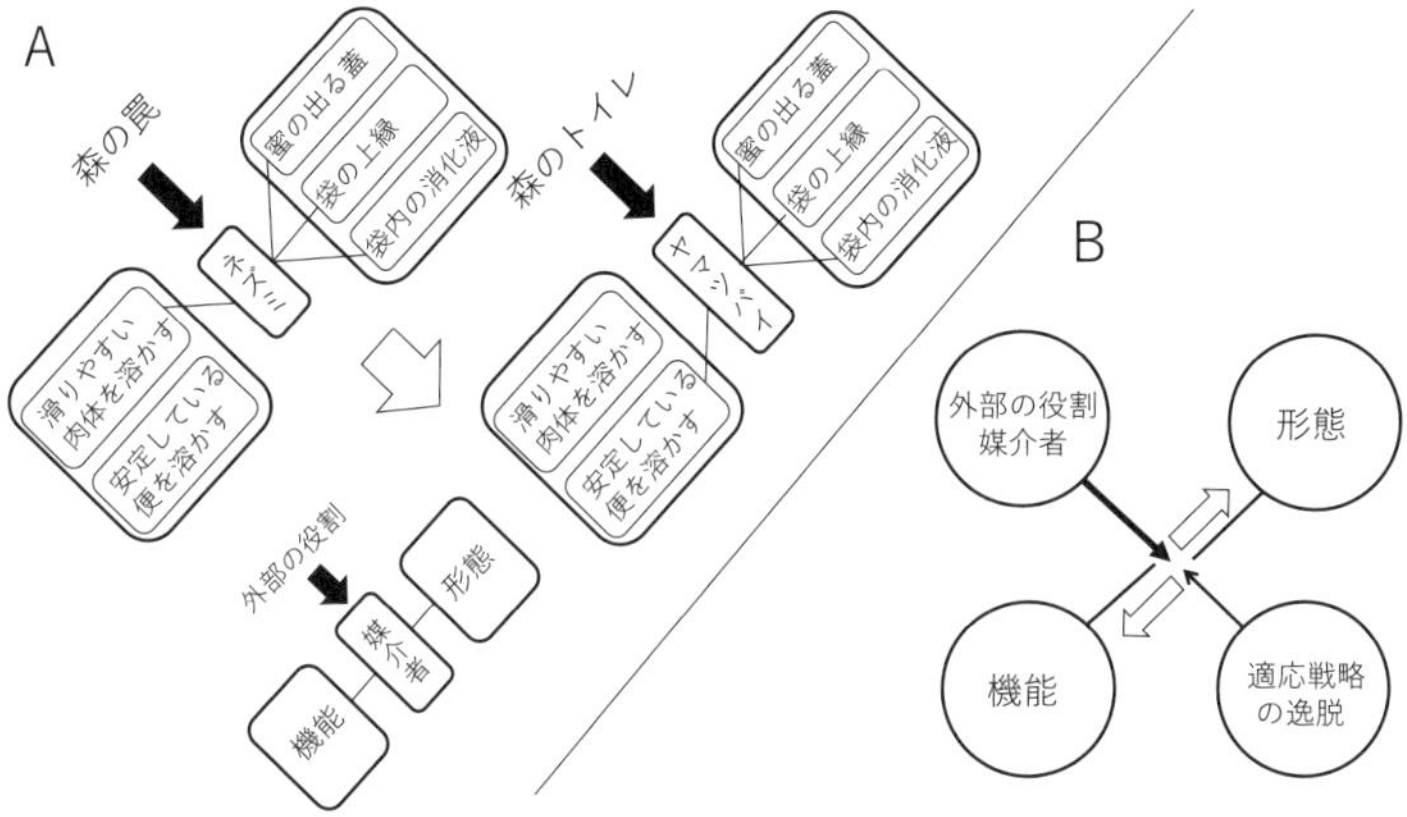

図5-1　「森の罠」から「森のトイレ」への変質
A.　形態と機能の関係を変質させる媒介者。
B.　指定と意味論の軸の接続における外部の意味。外部から、役割・媒介者がもたらされる。

た。ケイはアイドルばりのイケメンで、男子と違い女子の注目の的だったのです。しかし、女子は容姿に惹かれるが故に牽制し合い、容姿について言葉にしません。逆に、壁を蹴る彼の行動のみをあげつらい、「ケイはヤバイ、ケイのヤバさはすごい」と声高に噂するのでした。

こうしていつの間にかケイは、ヤバイ奴を代表する者となり、逆にケイの持つ特徴こそが「ヤバイ」の属性とされてしまいます。図5－2Aに示すように、ヤバイの内包は、壁を蹴ること、イケメンであることに取って代わられ、恐喝するという特徴は、ケイに認められないことから削除されます。そして「ヤバイ」の外延はもはや危ない同級生ではなく、或る種の学園のヒーローに変わっています。両者を媒介するものが、ケイです。外部からやってくる（それはケイのように、視界に入ってくる、という意味です）のは、内包と外延を繋ぐ媒介者だった。それが内包と外延の関係を変質させ、ヤバイの意味を否定から肯定へ変質させたのです。

もう一つ、まずい、を意味した「ヤバイ」が、極上のうまさを意味するように変質する例をあげましょう。「ヤバイ」の内包は、「食えるか？」という発話や「ううん？」という疑問符で特徴づけられていました。その後に飲み込まれた言葉は「まずい」だったのです。この「まずい食べ物」という事物が、ここでの外延です。両者を媒介するのは街の中華屋である中華屋虎、つまりここのラーメンがまずかった。ところが、ただの汚い店だと思っていた、隣のラーメン竹、ここがラーメン通に発見されます。ここで食した人たちは、同じく「ううん？」と発するのですが、その後飲み込まれる言葉は「うますぎる」であり、指示される外延は「うますぎるラーメン」ということになります。こうして外部からやってくる（見つかる）具体的食堂を媒介者として、ヤバイの意味が変質したというわけです。

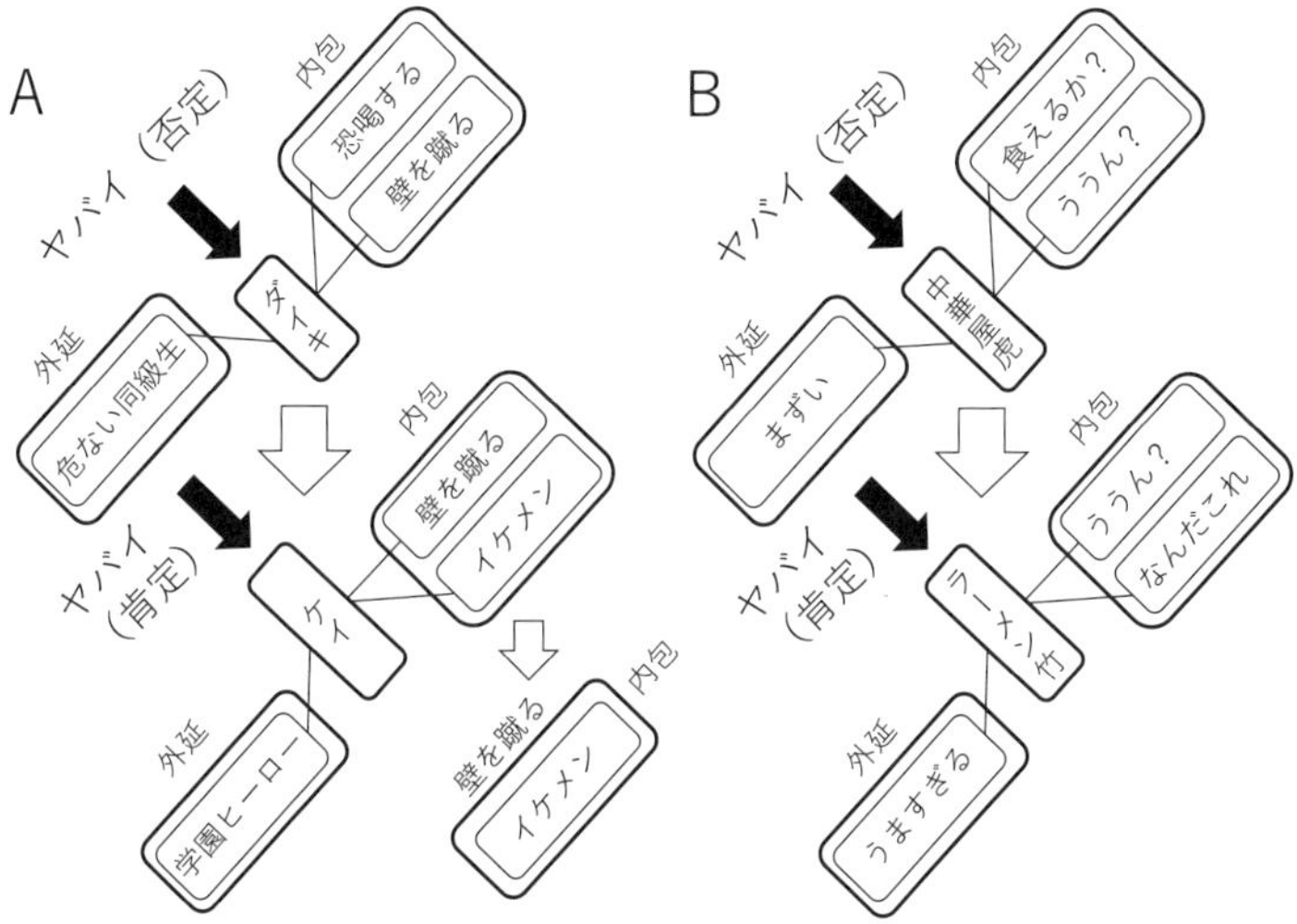

図5-2　「ヤバイ」の変質

A.　イケメンの生徒の出現による「ヤバイ」の変化。

B.　安くて極上なラーメン屋の出現による「ヤバイ」の変化。

「ヤバイ」の内包がいつの間にか、媒介者・役割を通して変質する。重要な点は、媒介者・役割が外部からやってきて、内包と外延の関係を劇的に変えるということなのです。こうして、否定的意味合いにしか使われなかった「ヤバイ」が、徹底して肯定的意味合いで使われてしまうのです。

目的論と機械論——反転から接続へ

ここでは、内包・外延の議論を足がかりに、対立関係にあると考えられる目的論と機械論が、天然知能において接続することを説明します。

まずアリストテレスが論じた、物事の四つの原因を説明しましょう。[5] それは、質料因、作用因、形相因、目的因の四つです。家を建てることを例にすると、質料因とは、素材、材料ですので、木材、石材、鉄骨や釘などに相当します。作用因とは、事象を生起するための操作、力であり、家の場合、大工さん、様々な工作機械の操作に相当します。形相因は設計図に相当します。目的因は、家の場合、誰々さんが住むため、という建築目的に相当します。

家の存在理由を問われるなら、目的因は、人が住むためと想定可能でしょう。しかし例えば、熱帯低気圧の存在理由、カブトムシの存在理由、わたし自身の存在理由、と言われるとき、目的因とは何なのでしょうか。質料因、作用因、形相因については、指定できます。熱帯低気圧の質料因は、それを発生させる局所的な気圧配置であり、形相因は流体力学、作用因は、結果的に熱帯低気圧をもたらすまでの、エネルギー供給などとなるでしょう。カブトムシもわたしも、同様に、質料因、作用因、形相因はなんとかなります。

目的因はどうでしょう。熱帯低気圧やカブトムシ、わたし自身は、何らかの理由があって存在しているとは思えません。それらの存在を手っ取り早く納得させるような理由は見つからない。それらは、**それ自体として存在するという事実だけでしか、その存在を根拠づけられない**。むしろ、「存在それ自体」こそが、目的因だと思われるのです。

目的因が存在それ自体であること、を示すために、機械論的因果律と目的論的因果律の反転関係を、指定の軸と意味論の軸の接続において見ていくことにします。ここで鍵になるのは内包と外延の対です。

内包と外延は概念に対して、双対的関係を成すものでしたが、それは同時に、質料因と形相因の対を意味します（図5－3左）。説明しましょう。質料とは素材であり、形相とは設計図でした。ここで偶数を考えます。偶数は、自然数（1、2、3、……）を2倍する操作で作れます。自然数という数の列は、数学の世界では素材ですから、この操作によって得られる「2、4、6、……」という数列も素材を意味します。対して「自然数を2倍する」という操作は、新たな素材を作る設計図で、形相ということができます。

ここで「自然数を2倍にする操作」を内包とすると、対応する外延は「2、4、6、……」に相当します。この時、外延とは素材であり質料、内包は設計図であり形相だということがわかります。

質料、形相因に対して、作用因は何にあたるでしょうか。形相とは設計図であり、主体が直接知覚できない、理念的装置です。この形相と与えられた質料が、最終的に一致する（双対性を満たす）ように運動・操作を駆動する理由が、作用因です。だから、ここであげた例の場合、「2倍する操作で新たな素材を作ること」が作用因にあたります。つまり作用因とは、質料と形相の対応関係を指定する、特定の文脈だということができます。

以上から、質料因と形相因（もしくは外延と内包）は指定の軸を構成し、意味論の軸で特定の文脈を固定するものが、作用因と考えられます。質料因、形相因、作用因の三つ組が、機械論的因果律です（図5－3左）。

これに対して、「偶数」の存在理由とは一体何でしょうか。「偶数」は様々な所に現れます。雌と雄、陰と陽、左と右……、ここから対を成して派生するものは全て偶数となります。それらは何かこの世界の重要な法則の一部を成すのでしょうか。

偶数の例を素材としてあげたり（雌雄、陰陽……）、法則を見出したり、両者の関係を成立条件として考えたりしても、各々は、質料因、形相因、作用因に留まることがわかります。つまりそれらは、「奇数（他のもの）ではなく偶数である」ことを「証明」するための方法で、可能なものから一つ選択する理由、いわゆる必然性、を説明するものに過ぎません。偶数それ自体の存在理由には迫れない。存在理由は、機械論的因果律の埒外なのです。

存在理由とは、突き詰めれば「存在それ自体」としか言いようのないものです。それが目的因です。目的因は機械論的因果律の外部にあって、機械論的因果律からは決して届かない。しかし機械論的因果律が説明する対象こそ、存在それ自体（目的因）なのです。偶数の例でいうなら、偶数という存在です。

目的因の意味は、説明と説明されるべきものを反転することで得られる、目的論的因果律によって、明確になります（図5－3右）。機械論と目的因は互いに内・外の関係にあって、排他的です。だから機械論的因果律を反転して得られる目的論的因果律は、「存在理由を存在それ自体として構想することができる者」による説明なのです。

存在理由を存在として与えることができる者、それは「必然性」が意味をなさない領域にいる者です。それは可能性の全てを見渡すことと、選択された一つを見ること（必然性）が一致する者、部分にして全体である者に他なりません。そういった超越的存在にとってのみ、存在理由が存在それ自体となる。こういった超越者を、私たちは通常、神と呼ぶでしょう。目的論的因果律は、果たしてそういった超越者による説明なのです。

いよいよ天然知能の出番です。機械論的因果律と目的論的因果律が接続することで、機械論的因果律は外部を招喚し、壊れながら修復され生成され続ける運動体＝天然知能となります。図5－4をみてください。前述のように、今や質料因、形相因は、各々外延と内包、作用因は、特定の文脈を指定することに置き換えられています。目的因は「存在それ自体」です。ここで作用因が特定の文脈の指定から逸脱することで、内包と外延の一致は成り立たなくなり、その間を埋めるように、外部がやっ

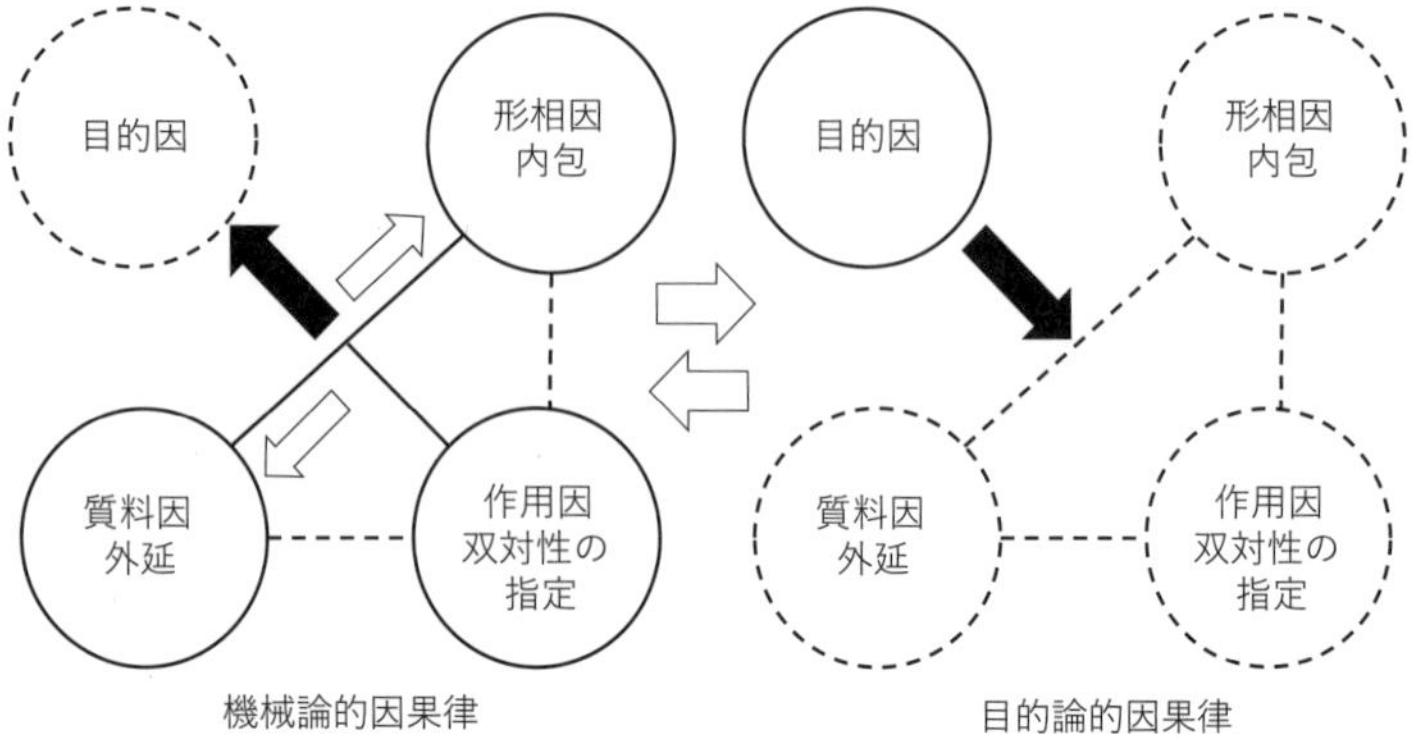

図5-3　アリストテレスの因果律
機械論的因果律による説明と目的論的因果律による説明の反転関係。機械論的因果律は、質料因、作用因、形相因によって目的因を説明し、目的論的因果律は、目的因によって現象や事物の根拠を説明する。

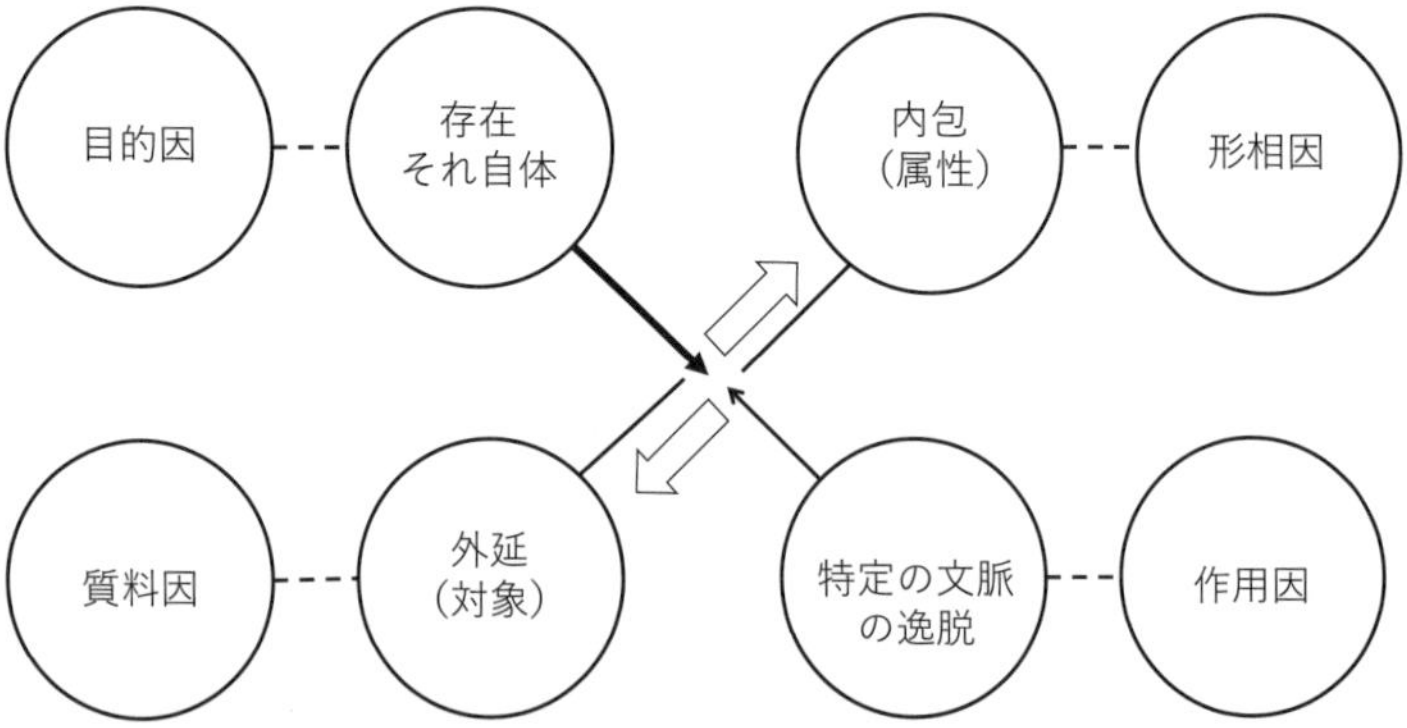

図5-4　因果律の天然知能化
作用因を指定できない（逸脱）ことから得られる機械論的因果律と目的論的因果律の邂逅。両者は決して融合しないが、観測者は徹底した外部と対峙することになる。

てきます。

外部は前節で述べたように、内包と外延を新たに接続しようとする媒介者と、新たな役割が一緒になった奔流となってやってくるのです。やってくるものの源泉こそ、機械論的因果律の想定を覆す徹底した外部にして、機械論的因果律が説明の対象と想定する、一個の実在なのです。

もはや目的因は、存在それ自体として、機械論的因果律を駆使する主体と対峙し、機械論的因果律の成立を阻むのです（図5－4）。いや、むしろ、機械論的因果律における説明を、停止させるのではなく、外部の介入によって運動させ続けることになるのです。イワシの理解が停止しないように、未確認飛行物体の理解に外部が介入するように、知覚できない向こう側を感じるように、中国語の部屋が中国語を理解するように、機械論的因果律も天然知能化し、運動し続ける。

機械論的因果律は、自然科学における理論的枠組みです。機械論的因果律と目的論的因果律（存在それ自体）の接続という形式で構想された、指定の軸と意味論の軸の接続は、科学的モデルとしても適用可能となるのです。自然知能だった科学的モデルも天然知能化するのです。

機械論を実現する内包・外延の一致

まず、指定の軸において見出される外延と内包を、機械的操作として定義してみます。その後で、この機械的操作を天然知能化します。

あなたは、横一列に整列した人の列の一員だと想像してください。これから、簡単なゲーム、回れ右ゲームを始めます。全員が前を向くか後ろを向くか、必ずどちらかだとします。最初、全員目をつぶり、前か後ろか各自が自分で向きを決め、その向きに自分を向かせます。そのあと全員が目を開ける。笛が一回鳴る時が、目を閉じるタイミング、二回鳴る時が、目を開けるタイミングです。

ゲームではルールに従って、向きを変えていきます。各人は両隣の様子を見ておきます。ここで笛が一回鳴ります。笛の音を聞いたら全員が目をつぶり、向きを決めるのですが、自分が前を向くのは、目を閉じる前、「自分が前を向いていて両隣が後ろ向きの場合、同じく自分が前で左の人のみ後ろ向きの場合」、この二つの場合と、「自分が後ろを向いていて右の人のみ後ろ向きの場合」、以上三通りの場合のみです。それ以外のいかなる場合も、自分は後ろを向く、これがルールです（図5－5A）。全員が向きを決めた頃あいに、笛が二回鳴り、全員が目を開きます。これが一セットで、このセットを繰り返すことが、ゲームの進行を意味します。

セットを繰り返すと、どうなっていくでしょうか。その例を図5－5Bに示します。一番上の列は、左から後・前・後・後・前・後・前となっています。ここで各人が、両隣を見て向きを決めます。ここで一番左の人は左隣がないので、モニターで右端の人を見て、これを左端だと思うように指示されています。一番右の人も同様です。笛が一回鳴り、ルールを適用し、笛が二回鳴り、一つのセットが終わった直後の状態が、上から二番目の列になります。左から二番目の人、五番目の人、右端の人は、「自分が前、両隣が後ろの場合、前を向く」に従っていることがわかります。もちろん、全員がルールに従って向きを決めたのです。

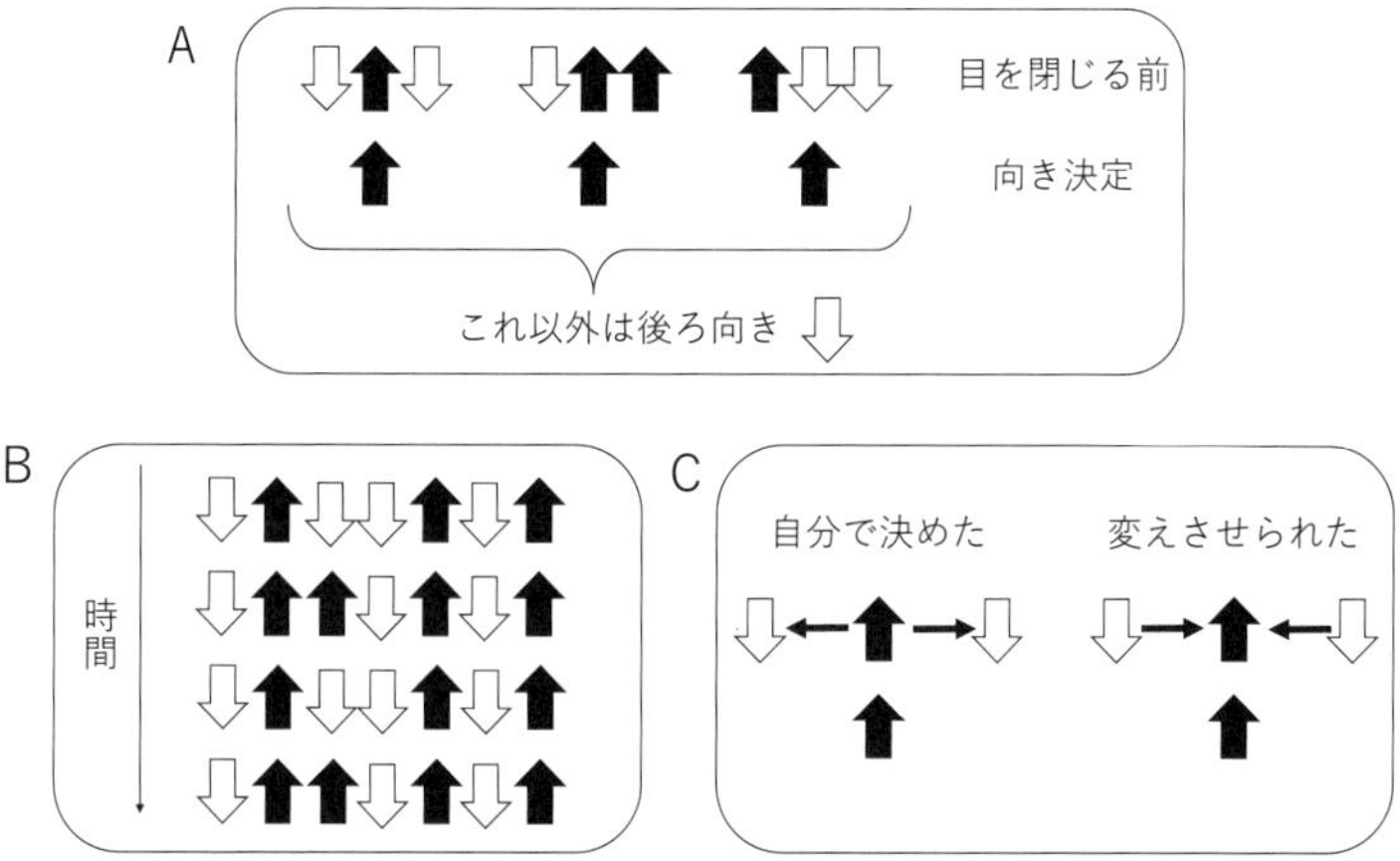

図5-5　回れ右ゲーム
A.　回れ右ゲームのルール。前向きは黒、後ろ向きは白の矢印で表されている。
B.　ゲームが進んでいく途中経過。列のパターンはほとんど変わらなくなる。
C.　ゲームのルールに対する二つの解釈。

この手続きが繰り返される時、人の列のパターンはほとんど変化しなくなります。図5－5Bを見ると、左から三番目の人だけ、動いていますが、他は全員、「ルールに従うことで向きを変えない」ことになるのです。ルールによって緊張関係が作られ、人が回転しなくなる。それはまるで水分子の間の緊張によって水分子が動けず結晶化した氷のようです。

回れ右ゲームのルールは様々に作ることができます。笛が一回鳴ったら必ず前を向く、というルールもその一つです。その場合、全員が前を向くことになり、その後変化しません。逆にルールによって、列のパターンは変化し続けることもあります。ただしゲームの基本的枠組みは変わりません。笛が一回鳴り、ルールに従って向きを決め、二回鳴ったら目を開く。これを繰り返していくだけです。

天然知能化のために、回れ右ゲームで内包と外延を考えます。それはルールの解釈についてのものです。両隣を見てルールを適用し、自分の向きを変えるのですから、これを、「両隣を見て、自分で（能動的に）決めた」と考えるか、「両隣の人に圧力をかけられて（受動的に）変えさせられた」と考えるか、二つの解釈がある（図5－5C）。前者の解釈が内包、後者の解釈が外延、に対応するのです。両者は単なる解釈の違いですから、今はまだ意味のあるものではありません。ただし、この解釈としての内包と外延は、数学的に定義されたものなのです。

内包と外延が決まったところで、指定の軸、意味論の軸について考えることにします（図5－6A）。内包と外延は、指定の軸を成しています。両者は単なるルールに対する解釈の違いだけで区別されますから、両者は一致します（図では内包の能動と外延の受動を、各々、中央の当事者⬆から向かう

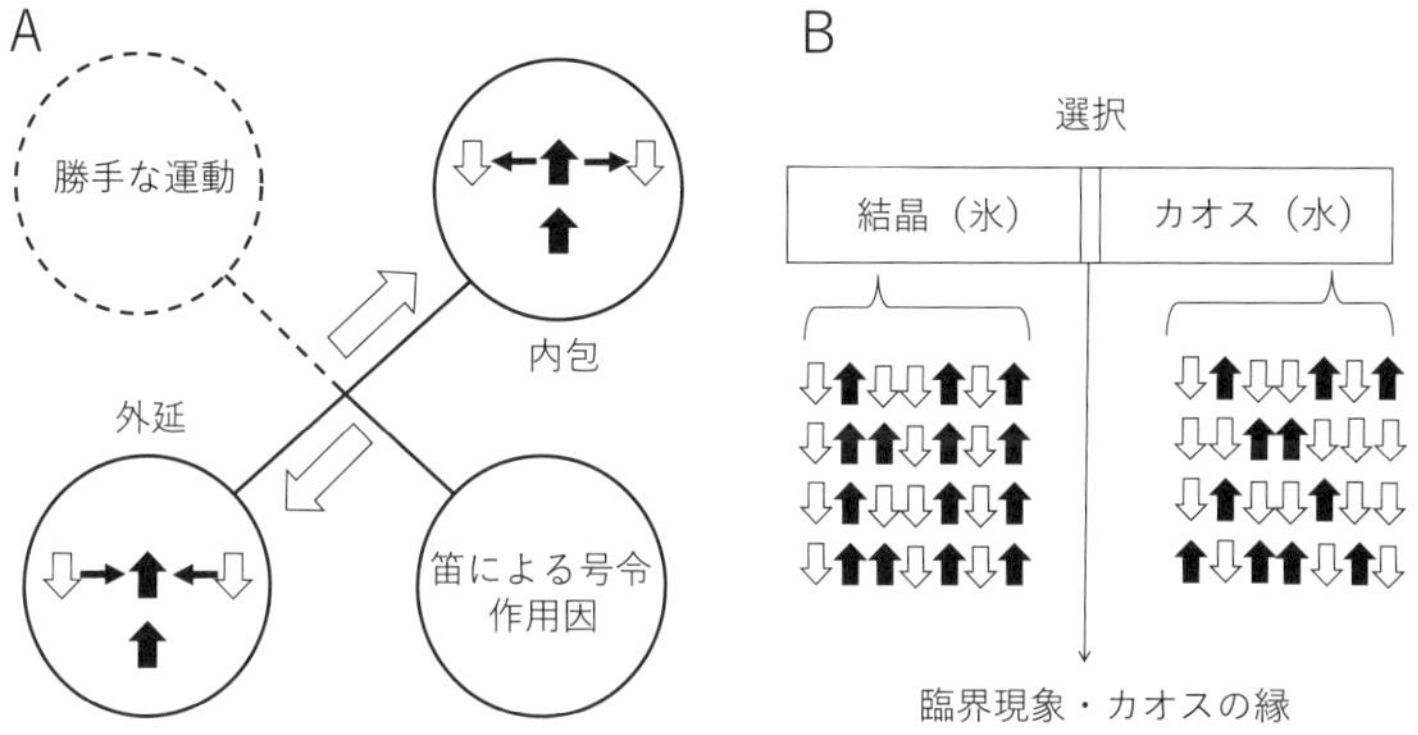

図5-6 人工知能的回れ右ゲーム

A. 回れ右ゲームにおける指定の軸と意味論の軸。内包と外延の対応関係を保証するのは笛による号令であった。

B. 笛による号令で動く回れ右ゲームの振る舞いに関する分類。カオスと結晶に分けられる。

矢印、当事者へ向かう矢印で示しています）。

可能なルールの全てを見てみると、ほとんどのルールは、動かない結晶のようなパターンを作るか、不安定に動き続けるパターン、カオス（混沌）を作るかのいずれかになります。カオスの例を図5－6B右に示しました。「自分が後ろ向きで、隣人の一方のみが後ろ向きの時のみ、自分は前向きになる」「それ以外の全ての場合で後ろ向き」、というのが、ここでのルールです。果たして図5－6B右に見るように、ゲームの進行によって、列は変化し続け、カオスを生成します。

回れ右のゲームは、実はセル・オートマトン[6]という名で詳しく調べられています。その結果、ルールの挙動は、結晶かカオスかに大別できるのですが、ごく少数、カオスと結晶の中間の振る舞いをするルールがあります。二つに並べたものの中間という意味で、それは**カオスの縁**と呼ばれています。[7]

カオスと結晶は、水と氷の関係を想起させます。一方は分子（向き）が自由に動き回り、他方は分子（向き）が固定化されてしまう。氷と水の場合、温度が定義でき、零度で両者の状態が区別されます。ただし零度以下でずっと固体、零度以上（百度未満）でずっと液体です。このような質的に変化しない様子を相と言い、零度での相の突然の変化を相転移と言います。

相転移の瞬間に、どちらとも言えない振る舞いが、少しだけ見えます。氷ながらまだ水であるギリギリの状態です。このような相の間に認められる現象を臨界現象と言います。セル・オートマトンの場合、温度に相当するものはきちんと定義されていませんが、カオスと結晶のようなパターンは相転移を連想させます。[8]そして、ごく少数認められる、その中間的パターンを示すルールは、臨界現象を連想させるわけです。カオスの縁とは、臨界現象のことなのです。

基本的に、特定の生物の挙動は、回れ右ゲームのように、一つのルールを指定することで、理解したと考えるのが通例です。遺伝子が決めていますから。内包と外延が一致し、想定したルールの外部が介入しないようにルールを決める。それはまさに、適応戦略という一個の機能＝構造を決定することであり、一般的な生物学の方法です。この限りで、生物の存在様式は、一つのルールとなり、進化によって選択される対象となるのです。

適応戦略という生物の対象化を前提とする限り、生命はほぼ奇跡ということになります。ごく少数現れる、臨界現象だけが、生命に似た振る舞いと考えられるからです。つまり可能なルールのほとんどが、結晶かカオスを示すにもかかわらず、それらは進化の歴史の中で死に絶え、ごくごく少数の臨界的振る舞いをするルールが選択され、生き残ったということになる。これは奇跡的なことだ、というわけです。

そうでしょうか。ここでこそ、天然知能の出番です。回れ右ゲームという機械的操作も、天然知能化されるのです。

機械論の天然知能化

回れ右ゲームでは、内包（自分からルール適用）と外延（強制されてルール適用）の一致は解釈の違いに過ぎず、両者の不一致などあり得ない気がします。

ところがそうではない。内包と外延は、笛の音のおかげで一致しているだけです。笛のおかげで、隣接者同士は同時に互いの状態を確認し、「せいのっ」で自分の向きを決める（動かないか回れ右をするか）のです。同時だから、自分から能動的にやったのか、隣に急かされて受動的にやったのか区別がつかない。だから内包と外延は、一致するのです。

笛がない場合を考えてみましょう。[9]笛がないので、ゲーム参加者のあなたは、自分のタイミングで目を開き、隣を確認し、目をつぶり、向きを決めます。これを参加者全員がするのですから、タイミングはバラバラ、早い人から遅い人までいる。とりあえず、最初の人が向きを決め、列全体の最後の人が向きを決め終わるまでを、ゲームの一回のセットと考えましょう。一つのセットは外から全体を見る人が決めていると考えるのです。

あなたの隣の人はあなたより先に向きを変え、前を向いていたのが後ろ向きになった。ところがあなたは出遅れたため、隣人が後ろ向きになった後で、隣の人の状態を確認してしまう。笛があれば、隣人が前向きであることを確認するはずが、後ろ向きであることを確認してしまうのです。簡単にするために、「隣人の向きにあなたは合わせる」というルールだったとしましょう。このとき、笛がないことで、隣人の向きによって、あなたの採用する向きは変わってしまいます。

セットは外から全体を見ている人が決めます。つまり列の状態を前、後、前、前……のように決めるのは、セットを決める人が写真を撮ると考えればよろしい。この時、少なくとも自分が隣人より先に動くのなら、「隣人の向きにあなたは合わせる」はずが、遅れたことで、「隣人の向きと逆を向く」を実現してしまうことになります。それは、「自分から先に動くルール解釈＝内包」が変化してしまったことを意味します。こうして、遅れた場合に採用する「強制されたルール＝外延」と、先行した場合に採用する「自分で決めるルール＝内包」の不一致が現れるのです。適用の仕方、解釈の違いに過ぎなかった外延と内包が、笛がないことでルールとしての意味を持ってしまうのです。

図５－７Ａは、笛がある場合、図５－５Ａのルールに従って、列がどのように変化するか示したものです。一番上に示したような列から出発しても、しばらくすると、列が時間的に繰り返されます。このルールに従う限り、列のパターンは結晶のように、ほとんど動かなくなるのです。

同じ配列から出発しても、笛がない場合の挙動はまるで違ってきます。それを示すのが図５－７Ｂです。自分が先行したり遅れたりすることで、外延と内包の不一致が現れ、その不一致は参加者ごとに蓄積されていきます（当事者は知覚できない外部が、当事者に影響を与えると考えられるからです）。こうして、ゲーム参加者において、当初一致していた内包と外延が不一致によって分化し、二つのルールとして携えられることになるのです。

四角い囲みが四つ与えられていますが、各々は、その中央にいるゲーム参加者が先行しているか、遅れているかのいずれかを示しています。各々の囲み内の点線が、ゲーム参加者にとっての同時間面です。一直線なら自分が先行しており、曲がっていれば、隣人に遅れをとっていることがわかります。遅れをとることで、先行する場合に使われる内包は変化し、いずれ、一番下の囲みにあるようなルールの変化を見ることすらできるのです。

笛のないゲームこそ天然知能であることを、図５－８Ａに示しておきます。内包と外延の一致は、笛があるという特殊な文脈を指定することでのみ成立しましたが、笛のないことによって特定の文脈

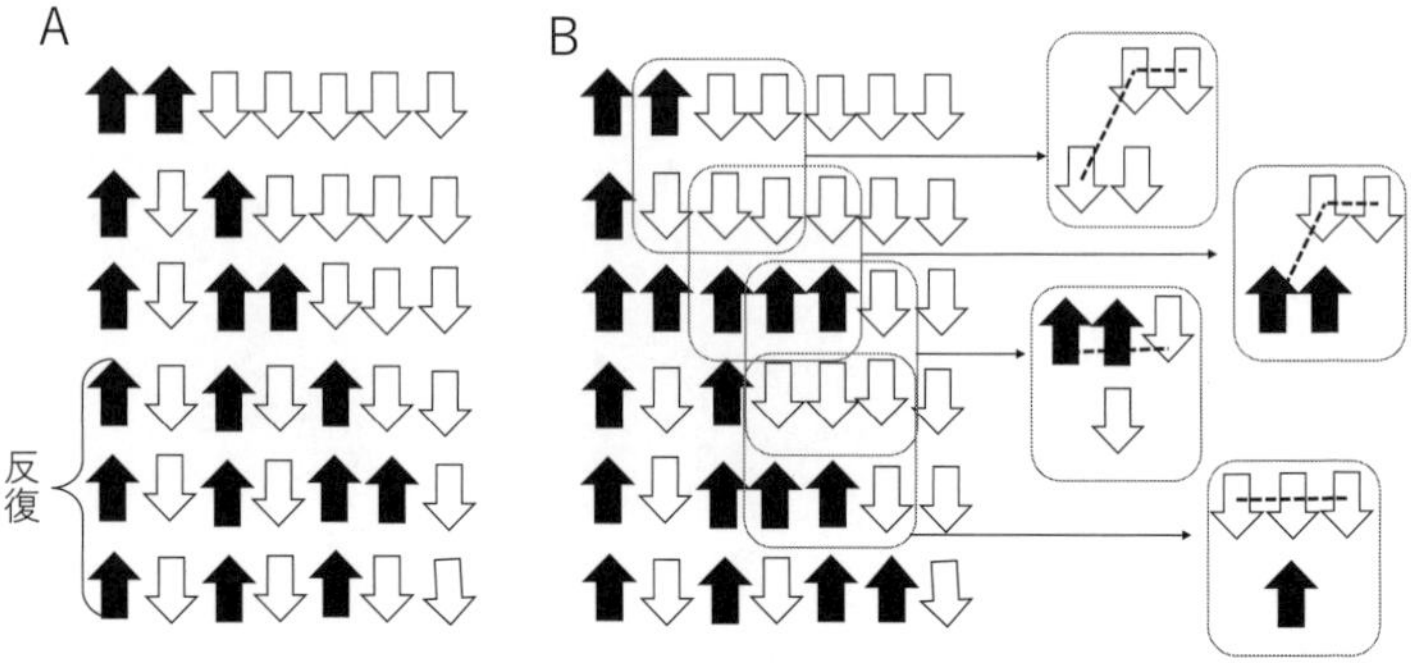

図5-7　笛のない回れ右ゲーム

A.　笛が鳴る回れ右ゲームの時間発展。

B.　笛がない場合の回れ右ゲームにおける外延と内包の分化。外延に起因するルール適用の錯誤が、内包を変化させ続ける。いずれもルールは図5-5Aに同じ。

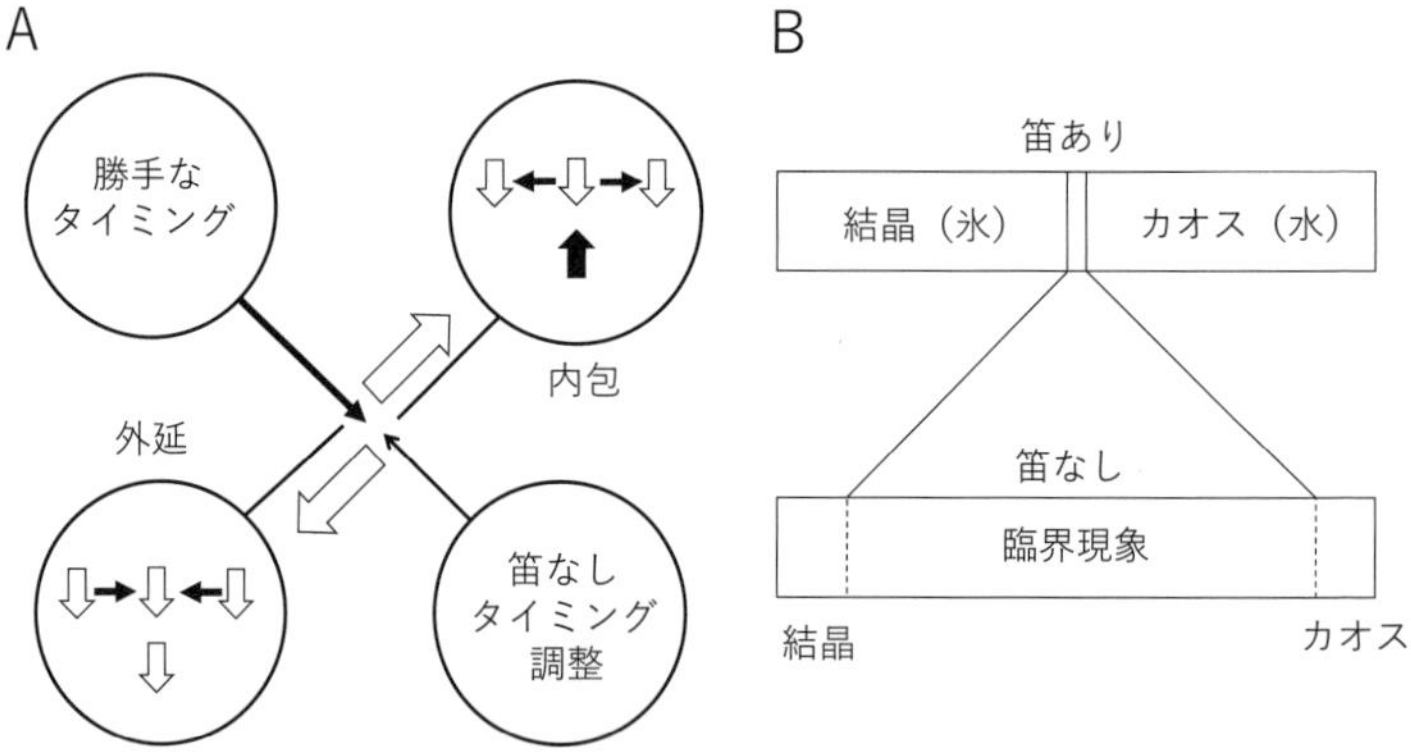

図5-8　天然知能化された回れ右ゲーム

A.　笛なしの回れ右ゲームにおける指定の軸と意味論の軸の関係。

B.　笛ありゲームにおける奇跡的臨界現象と笛なしゲームにおける普遍的臨界現象の関係。

に固定されることがなく、文脈は逸脱します。それによって、内包と外延の間に一致を見ることができず、これを一致させるかのように様々な内包のバリエーション、様々な笛の可能性が外部からもたらされるのです。

様々な笛の可能性とは、参加者が勝手に動くことで実現される、「もし笛で駆動されているとしたらこのような特殊な笛」という意味です。一人だけ先行するのは一人にだけ聞こえる笛ですし、離れた複数の者が同時に動く場合も、そのような特殊な笛ということになります。こうして招喚される「勝手な行動＝外部」が、内包と外延の区別をもたらし、両者間の辻褄合わせを進めるべく、ルールを変化させるのです。

笛なしで、内包と外延の間で辻褄合わせが進行するとき、驚くべきことが起こります。カオス、結晶、臨界現象のような厳然とした区別が、ほとんど意味を持たなくなるのです。笛ありの状態で結晶を示したルール、カオスを示したルールが、笛なしではほとんど全て、臨界現象的振る舞いを示すのです（図5－8B）。図5－5Aで示したルールの場合も、規則的な結晶構造を示しながら、ある場合には前向きパターンが枝分かれを起こし、稀に前向きパターンが後ろ向きに変わって消失しました。それは、場所ごとに規則的なパターンを作りながら、互いに情報のやり取りをする計算過程と考えることができます[10]。

笛なしというのは、信号のない道路網のようなものです。信号があって全てのロボット運転手が同時に速やかに発車、停車できれば、渋滞は起こらない。しかし信号がなければ、速やかに発車、停車できても、そこら中で渋滞が起こるでしょう。笛なしのゲームは、各ドライバーが、渋滞を解消しようと努力しながら、様々な場所で渋滞が起こっている状況です。それが、カオスと結晶の中間状態を自然にもたらしているのです。

ほとんどのルールが臨界現象を示す以上、臨界現象は、もはや稀なものではない。それが存在することは奇跡ではないのです。それはありきたりで、いつでも、どこでも実現されるものになるのです。[9,10]

天然知能は、実体がなく、誰かが「存在」を仮想しない限り存在しない、というものではありません。閉じた実体ではありませんが、「異質なものの到来を待つ存在」なのです。だから、外部を待つことができ、調整し、辻褄を合わせるのです。私は今までも今も、様々な天然知能システムを構築してきました。それは、外部を予期し、辻褄を合わせ[11]、推論します。[12]最近では、互いに予期し合う個体で構成された群れを、各個体が推論し合う形式で実装しました。[13]

天然知能は、無から有へと起源するものではなく、以前からぼんやりと存在し、絶えず外部を待って、外部の到来によって変質しながら、以後も存在するのです。だから、天然知能は、或る**存在様式**なのです。

6 ヤマトシジミ——新しい実在論の向こう側

現象と実在

近隣の沼で獲れたシジミを買ってきました。翌日の朝にでも、味噌汁にしようという腹積もりでした。泥を吐かせようとボールに広げ、眺めていると、一つだけ、やけに大きなシジミが紛れています。大人が、人差し指と親指の先端をつけてOKサインを示した時の、Oリングほどの大きさはありました。これはシジミの王だろうか。ふとそのことが頭を掠めると、シジミの王のことが気になって仕方がなくなりました。翌早朝、車で三十分ほどのその沼まで赴き、シジミの王を放すことにしました。

その沼はもちろん、漁業権を持った川漁師がシジミを捕獲する沼です。下手なところに逃しては、またすぐ捕まってしまいます。湖岸を歩いてみて、鳥居が沼に向いた、小さな神社を見つけました。鳥居は、湖岸のきわに立っています。誰が鳥居をくぐって、この神社を詣でるのでしょうか。ここに棲む、フナやドジョウ、ウナギにシジミなどが、詣でるのでしょうか。そういった想像を逞しくしながら、シジミが捕獲されない神通力の伸展を、神社と鳥居を結ぶ線の延長に信じ、私は、鳥居が対峙する沼の沖合いにシジミの王を投げ入れたのでした（するとその夜……）。

私たちは、知覚できるものそれ自体だけではなく、その延長線上に、目に見えない、知覚できない何かがあると想定してしまいます。鳥居の向こうにまで、何かが続き、そこに「安全なゾーン」があると信じてしまう。同様に、何か言葉があれば、その言葉によって指定される、知覚できない何かがある、と考えることになるのです。

私たちが見て、聞いて、嗅いで、触っているものは、素朴に「存在する」ものだと考えてしまいますが、それは飽くまで、私たちの感覚器官や脳が作り出したイメージです。水晶体や網膜の調子がおかしければ、像は歪むし、微細な匂いが異常に拡大される人もいる。人によって見ているもの、聞いているものは異なり、世界は違うものとして立ち上がっているのです。

こうした、私たちの知覚した結果を、「存在」ではなく、「現象」と呼ぶことにします。観察する「わたし」がいて、わたしが感覚器官を働かせる時、そこに現象が立ち上がる。私たちは、存在するものを直接捉えることができず、現象を通して理解するのです。つまり、直接知覚できませんが、現象に対応するようなもの、現象として「わたし」に知覚を成立させるものが、実在として想定されることになります。[1]

神社と鳥居の延長線上に「安全なゾーン」が想定されるように、「わたし」と現象の延長線上に「実在」が想定されます。こうして実在の全体として、「世界」が構想されますが、それは「わたし」に端を発し、わたしと関係を結ぶものだけで構成される世界になるのです。現象というフィルターを通して「世界」を開く哲学、それが現象学です。[2]

本章では、認知科学や意識の科学、人工知能の基礎を成すものと言っていい現象学が、外部を問題にしないことを指摘し、まさに自らの外部の実在に目を向けよ、といった哲学運動として、思弁的実在論や新しい実在論が現れたことを概観します。その上で、外部に目を向けるのみならず、それを待ち受ける存在様式について考えてみましょう。ファッショナブルな哲学に、ダサカッコワルイ天然知能は、無理なのです。

人工知能と現象学

哲学者カントは、外部世界を理解する、その方法を整備し、科学の土台を明確にしました。この段階では、理解されるべき外部世界は当たり前に存在し、それを知覚する「わたし」とは独立なものだ、と素朴に思われていました。[3]

しかし前節で述べたように、私たちは、「なまの」現象や事物に直接触れることなどできないのです。初めて見る「カブトムシ」は、何者かわからないまでも、形を持ち動き回るものとして対象化され、追ってその性質を解読し、性質の束として理解されることになります。最初の対象化は「感覚的対象」、性質の束は「感覚的性質」と呼ばれ、全て「わたし」に起因し、わたしというフィルターを通して現象化するのです。

わたしに起因した、感覚的対象と感覚的性質から構成される世界こそ、志向的世界です。実在は、感覚的対象と感覚的性質を結ぶ線の延長線上にしか現れない、冗長なものとなります。だから、全ては志向的世界に回収され、その外部は本質的に問題とされません。ここに一人称的世界が、開かれることになります。

昆虫が好きな子供は、森を歩きながら昆虫を探し、樹皮の間のクワガタムシと樹皮とを区別するでしょう。漫然と森を歩く自然に興味のない大人とは、見ている森が異なります。世界＝志向的世界は、「わたし」に応じて異なったカスタムメイドの世界なのです。それは生物学者ユクスキュルが言っている、猫には猫の、マダニにはマダニの世界があるという環世界（＝主観的世界）にも繋がる概念です。[4]

わたしが自分に応じて、自分が生きやすいように構築するわけですから、この世界の作り方は人工知能にピッタリです。実際、人工知能は、現象学を土台に、人工知能にとっての環（境）世界を与え、その中で機能する限りにおいて、知能を人工的に構築できると考え、発想されたのです。[5]

人工知能や人工生命の哲学的背景を与える哲学者アンディ・クラークは、人間は生まれながらのサイボーグだと言っていますが、そこには、感覚世界を拡張し続ける者としての、サイボーグ（人工知能）観、人間観が見て取れます。[6]

クラークは、手許・手前という道具使用に関するハイデガーの哲学的概念を使って、感覚世界の拡張を論じます。ハンマーは元々、木の柄と鋼の頭から成る、釘を打つ道具です。使い慣れたハンマーはもはや手の一部というほど身体に馴染みます。このようなハンマーの在り方を、手許と呼ぶのです。これに対し、ハンマーの頭がぐらつき、外れそうになれば、ハンマーはわたしの手の一部ではなく、手の少しだけ前に存在する対象となります。このようなハンマーの在り方を、手前と呼ぶのです（図6－1A）。

図6－1Aに示すように、対象化されたわたしの身体は、様々な意味で拡張されます。あなたは、釘をうちつける作業を、いつもペンチで行っていたとしましょう。それで十分だと思っていたし、より釘打ちに特化したハンマーという道具があることなど知らなかった。或るとき、突然ハンマーが目につき、ちょっと釘を打ってみる。こうして手前であったハンマーは、いつしか手許となり、あなたの身体を拡張する。もちろん、非可逆的に拡張するばかりではありません。不具合のあるハンマーは、直ちに手許から手前に変化し、身体から排除されるのです。

このように道具は、次々と「わたし」を拡張していきます。言語は、見えない外部のものまで、「わたし」が知覚できるようになる道具だと言えるでしょう。この意味で言語は、言語化された世界を「世界」として生きる「わたし」にとって、手許になったのです。近年、手許化して最も我々の「世界」を拡張した道具といえば、ｉＰｈｏｎｅなど携帯端末でしょう。まさに道具は身体化し、「世界」を拡張し続けるのです。

たまたま目に入ったものが、手前から手許へ変化し、「わたし」を拡張する。それが、感覚世界（志向的世界）に基礎づけられた、サイボーグ（人工知能）観、人間観です。それは、機能的解釈と試行錯誤によって駆動される、一人称的世界に他なりません（図6－1A）。

一人称的世界は、一見、至極当たり前な、問題のない描像に思えます。しかし私は、一人称的描像

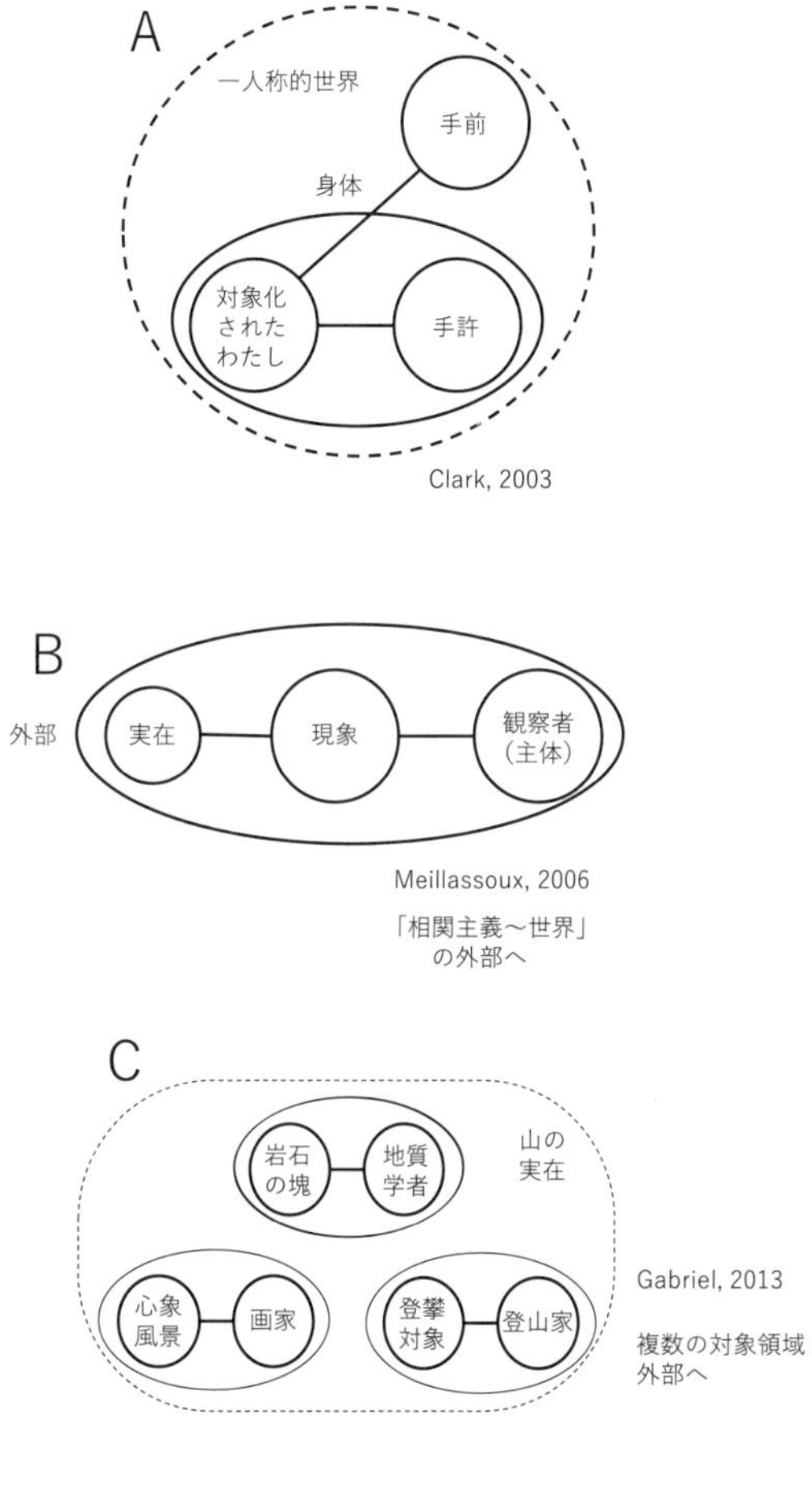

図6-1　メイヤスーとマルクスは、相関主義の外部にある実在を構想する

A.　アンディ・クラークの一人称的人間観・人工知能観。

B.　カンタン・メイヤスーの相関主義外部への志向。

C.　マルクス・ガブリエルの新しい実在論。

は、自分に無関係なものの存在を許容しない、自分にとってだけの描像だと思います。「わたし」が世界に組み込むものは、道具だけなのです。わたしにとって、知覚する価値を持つものは、いずれ自分にとって役に立つものだけです。

あなたは、どんなものでも知覚しているつもりでいますか。しかし、現象学的立場や、志向的世界から出発する限り、知覚対象自体に、あなたのフィルターがかかっています。昆虫に興味のない人間に、昆虫は見えない。しかし一人称的世界には、知覚できない外部が存在します。だからこそ重要なことは、知覚できないものが存在することを認める感覚なのです。

人工知能の背後に控える現象学は、知覚できないが存在する外部なんて認めません。彼らの言う「外部」とは、昆虫が好きでクワガタムシを知覚できる人が、まだ行ったことのないクヌギの木のことなのです。原理的に知覚可能だが、まだ具体的に知覚していないものだけが、外部なのです。

しかし最近になって、**本質的に知覚不可能な外部**を指摘する新しい哲学的潮流が起こりました。これで少しは、私も溜飲が下がりました。それが、「思弁的実在論」や、「新しい実在論」と呼ばれているものです。

思弁的実在論

現象学は、フッサール、ハイデガーを経由し、ミンスキーにおいて人工知能と結びつくことで、現代的装いを得ました。それは前節で述べたように、一人称的描像であり、外部の存在を認めないものです。ただし、現象学や人工知能は、外部の不在に無自覚だったと言っていいでしょう。無自覚というのは厄介なものです。

この状況に現れたのが、思弁的実在論です。現象学や、ポストモダン、そういった諸々の哲学は、すべて自分に都合のいい世界だけを問題にしており、その外部の実在をまるでわかっていない。それが思弁的実在論のリーダーと目される、カンタン・メイヤスーの主張です[7]。

その主張は、外部の実在に関して、至極真っ当なものに思えます。前述のように現象学は、主体である「わたし」と、相関をもって現象化する対象や性質のみを問題とし、それによって構成される志向的世界のみを問題にしています。メイヤスーはそれを、相関主義（わたしと相関をもったものだけを世界と考える思想）の名のもとに切り捨てるわけです。そして、その外部にこそ真の実在があると唱えるのです（図6－1B）。

相関主義、それは一人称的描像に他なりません。

私自身は、ジル・ドゥルーズ[8]やアンリ・ベルクソン[9]における生命の哲学を、外部へ通じるための出発点として重要なものと考えてきましたが[10]、メイヤスーはこれら、いわゆる内在の哲学も相関主義として切り捨てます。しかし、それもわからないことではありません。内在の哲学が、「わたし」からみた世界像という限りで、その描像を展開するなら、それは一人称的描像に他ならないからです。

とりわけ生物学者であるユクスキュルの環世界と結びつくような内在の哲学は、まさに一人称的描像です。生命の哲学は多くの場合、「わたし」という文脈を無自覚に設定し、その中に留まった一人称的描像を展開するのです。それは「わたし」をより前景化して据えた心の哲学についても同じです。内在の哲学は、特定の文脈を突き抜けることで初めて、内在を徹底し外部へ至れるのですが、多くの場合、内に閉じてしまう。その限りで、相関主義と呼ばれても仕方がないのです。

メイヤスーの主張は、充足理由律の無根拠性を暴くことで実現されます。充足理由律とは、「全ての存在には理由がある」という原理で、一見、自明なものに思えます。しかし、自明性ほど当てにならないものはありません。

「なぜ豚肉を食べるのか」という問いは、肉が大好きな人からすれば、なぜ本日に限って和牛の特売をしているのに、豚肉なのか、と問われたと思うでしょう。ベジタリアンにとっては、そもそもどうして植物タンパクではなく、動物なのかという問いと考えるでしょう。イスラム教徒にとっては、なぜ戒律を犯すのかという問いを意味するはずです。豚肉という存在に対しての理由すら、人によって、文脈によって異なるのです[11]。

これと同様に、「世界」は特定の無根拠な原理から出発して構成されたものの全体に過ぎず、それは次の瞬間、変化しても構わないような、意味のないものだ、というわけです。こうして発見される「世界」の外部は、何が起こるかわからないカオスということになる。それは「世界」とは徹底して無関係なものなのです。

メイヤスーは外部の実在を明らかにしましたが、外部と接続した私たちの生、天然知能としての私たちに、踏み込んでいきません。天然知能は、ここまで見てきたように、外部を招喚する運動であり、徹底した動態において存在たり得ているのです。これに対して、メイヤスーが用いたような、特定の文脈を指定し、世界の否定を証明するような論法は、常に静的でステップワイズに証明を進めるものです。それは手続き的で、ダイナミックな逸脱といった、動勢を示すようなものとは整合的でない。つまり、メイヤスーの方法は、外部の実在を証明するものではあっても、天然知能へは踏み込んでいけない道具立てなのです。この意味で、我々は、別なものを考えなくてはいけないのです。

「世界」を否定する新しい実在論

ここでは、やはり特定の文脈に依拠して構想される「世界」を否定し、その外部に実在を求める、マルクス・ガブリエル[12]について考えてみます。これもまた、一人称的世界を否定するという意味では評価できるものです。

図6－1Cにあるような、山という概念について考えてみることにします。ガブリエルは、対象領域という言い方をしますが、それは文脈に応じた対象の開き方と考えていいでしょう。

目の前の山は、誰の目にも明らかな、ただ一つの山として実在するように思えますが、そうではない。登山家にとっての山は、登攀の対象であり、チャレンジすべきなにものかです。地質学者にとっての山は、岩石の塊です。そして画家にとっての山は、何らかの心象風景を実現する画題ということになるでしょう。この一つ一つが、互いに異質な対象領域なのです。異なる対象領域を統合することはできません。だから、これらの全体を考えることはできない。

複数の対象領域が、特定の文脈、例えば「わたし」に依拠して現れたとするなら、「わたし」において統合されるべく、その全体が構想されることになります。しかし全体と言ってしまった瞬間、各々の対象領域が置かれていたはずの「全体」とは異なったものとなり、矛盾します。全体としては、「全体」という対象領域が、一つ増えてしまっているわけですから。こうして、「全体」によって構想される「世界」は実在しないというわけです。

「全体」を持ち出した途端に矛盾するという論法は、数学（集合論）が用いる方法そのものですが、[13]ガブリエルの論点は異なります。ガブリエルは、異なる複数の対象領域を接合するものとして、「対象領域外部に山が実在する」という形で、外部の実在を構想するのですから。

こうして外部に実在する山は、統合された全体を成しません。だから、例えば、様々な対象領域の土台となりそうな、「わたしたち」を持ってきても、様々な対象領域の統合された全体が成立しないことから、わたしたちと山の実在の間に、相関は成り立たないのです。

主体（文脈）を指定し、対象領域としての現象が立ち上がるという意味で、現象学を多元的に展開したもの、というのがガブリエルの描像です。したがって、いかなる描像も、世界全体に対する一元論ということはあり得ず、特定の文脈に依存した特定の描像ということになります。

統合された理論はあり得ず、全ての文脈に共通する一般的理論はあり得ない。全ては、限定的な文脈のもとでの局地戦だというわけです。ガブリエルの指摘はそこで終わります。物理学も、宇宙論も、生物学も、ガブリエルの指摘を受けて何ら変わることはない。ただ、科学は全てを説明する万能の理論ではなく、特定の文脈に依存した、限定的描像に過ぎない。そのことを理解し、奢ることさえなければいい。そう言っているようです。

私は若い頃から、人文系の様々な研究者が、理論とは局地戦に過ぎない、と言うのを何度も耳にしました。ガブリエルと同じです。しかし問題は、そこで終わりにしていいのか、ということだと思います。

本書で展開した天然知能へ、ガブリエルが辿り着くことはないでしょう。天然知能は、文脈の逸脱にこそ、その本質があります。特定の文脈を指定し、各々、対象領域を確定するだけでは、外部がやってくる動勢は決して現れないのです。

前章では、前を向くか後ろを向くかのゲームで、文脈の逸脱を、タイミングの問題として実装しました。それによって、相転移臨界現象という現象の在り方が、大きく変化することを示しました。動態に定位して考えるということは、**現象の存在様式を変えていく**ことなのです。そのような理論的展開は、現象に隠された文脈を強調するだけでは、現れてこないのです。

我々は、相関主義の外側にある真の外部の発見という意味では、思弁的実在論や新しい実在論を援用できるでしょう。しかし、そこに留まるだけで、よりダイナミックな描像を構想しないのなら、天然知能へ到達することはないのです。

四方対象の解体

新しい実在論として、最後にグレアム・ハーマンの四方対象[14]を取り上げましょう。彼は、現象学が内に閉じた哲学であることを明確に述べ、いかにしてその外部を構想するか、段階的に論じます。その結果、外部に実在する対象は、感覚的対象・感覚的性質・実在的対象・実在的性質の四要素から構成されるという理解が現れるのです。

図6－2は、ハーマンによる四方対象のレシピを示しています。中央左にある点線楕円について、まず説明しましょう。ここは図6－1でも示した現象学的描像を示しています。何であるかよくわからなくても、とりあえず対象化する感覚的対象と、それを性質の束として理解する感覚的性質とによって、「わたし」の志向的世界を開くことになります。

現象学はこのように一人称的な閉じた描像ですが、フッサールが形相的性質を持ち出したことで、ハーマンは外部への希望を持ちます。第五章で述べたように、家屋が成立する四つの原因の内、質料因（材料）と作用因（作業するもの）は目に見えるもの、直接知覚できるものです。これに対して設計図に対応する形相因は、空間の全体を人間ではない超越的な者の目で見渡して初めて描ける、抽象的な概念です。だからそれは、志向的世界に存在せず、その外部にある、というわけです。

次にハーマンが問題にするのは、先に述べたハイデガーの手前・手許の議論です。ただし通常な

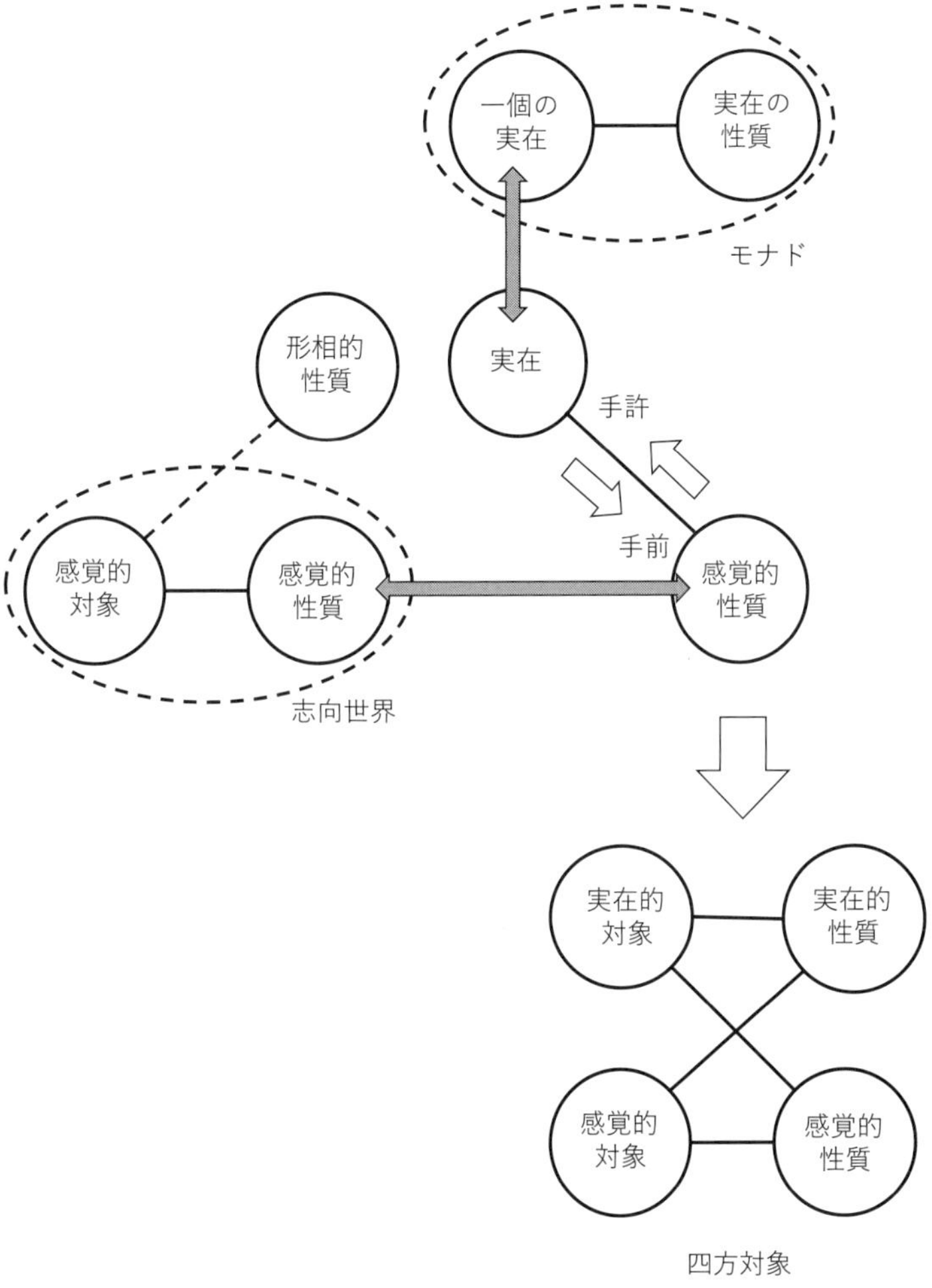

図6-2　グレアム・ハーマンの四方対象
フッサールの現象学における志向世界、ハイデガーの手前・手許、ライプニッツのモナドを貼り合わせ、四要素で対象の存在様式を構想する。灰色の太い矢印は、繋がれた両端が同じ要素であることを示す。形相的性質と実在の性質も同じ要素とみなされる。

ら、手の延長と化した「手許」のハンマーこそが感覚的性質で、不具合を生じて手から分離した「手前」のハンマーこそ、志向的世界の外部にある実在と思うところを、ハーマンは逆だと主張します。ハーマン自身の説明はないので、私なりにその理由を補完しておきます。

手から離れたハンマーは、頭部がぐらついたとか、柄の木質部がささくれて指に当たるとか、具体的な不具合によって手前となります。しかしそのような壊れたハンマーも、所詮は知覚される性質であり、感覚的性質です。これに対して、手前を知ったハンマーの使い手は、手許であるハンマーが、あるとき突然、何らかの壊れ方によって、手前となるだろうとの感覚を持つことになります。

それは具体的な特定の壊れ方ではなく、可能な様々な壊れ方の、重なった手前性を示唆するものです。だからこそ、手の延長である手許こそが、無限の手前の在り方を潜在し、いくらあげつらっても辿り着けない、わたしと無関係なハンマーの実在を示す。ハーマンはそう唱えているように思えます。

手前は、志向的世界を構成する感覚的性質ですから、これと実在たる手許は、図6－2中央右に描かれたように、斜めの線で結ばれています。

最後に、一個の実在という対象（実在的対象）と、それがもたらす様々な性質（実在的性質）の関係を、ハーマンは、ライプニッツのモナド[15]と見なして接続します。これが図6－2上部に掲げられた点線楕円で示されています。モナドは抽象的な実体で、一個でありながら他の全てのモナドに依拠した性質を有し、他のモナドと区別されます。それは、「わたし」とは異なる次元の、抽象的・超越的観測主体と言っていいかもしれません。

最終的に、フッサール、ハイデガー、ライプニッツの援用によって得られた、四つの要素は貼り合わされ、図6－2下段に示されたハーマンの四方対象が得られます。図6－2中央左にある形相的性質とモナドの実在の性質が同じと見なされ、貼り合わされることに注意してください。ハーマンは、「わたし」からはアクセスできない実在物（ハーマンはこれを対象と呼ぶ）の存在様式を、四つの要素（感覚的対象、感覚的性質、実在的対象、実在的性質）から構成されるものと考え、これを四方対象と呼んだのです。

四方対象は、天然知能の図式に似ています。しかし、要素の成り立ちが、天然知能とはかなり異なります。要素の内容として最も異なる部分は、形相的性質を実在的性質と読み替えた点でしょう。ハーマンの場合、この読み替えによって、四要素を上下二つに分割し、「わたし」の感覚する世界＝志向世界と、実在の世界に分けてしまいます。いわば現実の観測者＝わたし、実在する抽象的観測者＝モナドを分割し対比するのです。

天然知能の場合、形相的性質は、機械論的因果律、すなわち、むしろ「わたし」の感覚する志向世界に留まります。その上で、カテゴリーとしてのみ知覚される（指定される）対象を質料と見なすことで、質料（家の素材）と形相（家の設計図）の対が構想されます。さらに感覚的対象と感覚的性質の背後に控える、観測者＝文脈を指定するもの・こと、が前景化し、質料と形相の対、外延と内包の対、もっと一般的には、指定する・指定される対応関係の双対性を指定する・指定しない文脈が現れたのです。

天然知能における一対三の構造、「徹底した外部」対「指定する・指定される・文脈」の構造があってこそ、文脈の逸脱という動勢への道が開かれ、外部を招喚する仕掛けとしての構造が開かれたのです。

メイヤスー、ガブリエル、ハーマンを比べてみると、ハーマンが最も無骨で、論理に飛躍があり、目的が不明瞭です。外部の実在を証明するに留まり、外部のカオスを認めるに留まるメイヤスー、ガブリエルは、節度を持った大人なのであり、決してダサカッコワルイ領域へは踏み込まない。だからこそ、「わたし」と外部との関係については踏み込まないのです。

ひとりハーマンが、理論の役割を踏み越えて、理論や形式、概念が使われるという現実、外部と感覚の関係に立ち入ろうとしたのです。だからハーマンはダサカッコワルイ領域への感覚がある。しかし、動勢への志向は認められるものの、常に静的な二項対立で概念を組み立て、対象・性質という対立、感覚・実在という対立を構想し、複数の二項対立に還元可能な形でしか、外部とわたしの関係を構想できなかった。だからハーマンもまた、天然知能へは辿り着けないのです。

7 ライオン——決定論・局所性・自由意志

本章では、天然知能の具体的モデルを構成していきたいと思います。天然知能は一・五人称と関連づけられ、「知覚できないが存在する」ものへの感性によって基礎づけられました。そのような外部への感性が、どのような形で意識として形づくられるのか。これを考えるために、**自由意志**という問題から話を始めたく思います。

自由意志というと、何か大袈裟な気がしますし、自分が本当に自由を行使しているのか、やらされているのか、常にこだわらなくてはならず、逆に不自由な気さえします。しかし、西洋科学や西洋哲学は、やはり自由意志というものに拘りますし、自由意志の議論から派生するものには、豊穣な概念や議論があります。

本章ではむしろ、自由意志というものを、「自由とは何か」といった面倒な問いにせず、自分が選択したと言い得る状況を考えるきっかけにして、天然知能の意識モデルにつなげていきます。

自由意志定理

私が今、目の前のコーヒーを飲もうと思って、カップに手を伸ばす時、それは、私の意志によって決定したのであり、他の何かによって無理強いされた、ということなどあり得ない。普通、そう思いますよね。しかし、自分自身の感覚も所詮は、肉体の外部にある何らかの刺激に対する反応だとすると、感覚や、そこから派生する感覚に対する解釈、認知や、それらを総合して発せられる私の意志など、すべては外界に対する受動的反応とも思えるわけです。[1]

自然科学的知見は、ますます、脳も含めたこの身体が、複雑な生化学反応の機械であることの証明を進めています。さらに脳科学は、わたしが「カップに手を伸ばすぞ」、と思うより0・35秒ほど前に、脳の「わたし」以外の部位（とりあえず、無意識と呼ぶことにします）が、すでに手を伸ばす運動を準備し（これを準備電位と呼びます）、筋肉に「動かせ」という指令を送っていることを、明らかにしました。[2]それは、脳の中にある自分自身を自覚する「わたし」（これを意図的意識と呼びます）という領域が、それ以外の無意識的領域に、「カップに手を伸ばすぞ」と思わされていることを意味するわけです。

このように、世界に対して極めて受動的に働く、機械としてのわたしは、単に世界に操られているだけではないか。わたしに自由意志など、皆無ではないか。そういった疑問が解消できないわけです。

わたしは操られているだけではないか。例えば、あなたが高校のクラスで、ヒーローかヒロインかのような存在だとしましょう。あなたが、クラスのホームルームは五分以内にしようと提案すれば、そうなったし、学園祭のクラスの演し物は、特製コロッケの販売にしようと言えば、そうなった。そのぐらい、あなたはクラスの人気者です。あなたは、クラスは自分の思い通りに動く、内心、そう思っていました。

しかし実は、すべてが、クラスメートの、肉屋の息子の陰謀だったのです。ホームルームが嫌いだった彼は、さりげなくあなたを誘導し、あなたに、ホームルーム五分の提案をさせました。冷凍コロッケを売りたい家の事情から、彼はコロッケについても、あなたの潜在意識に訴え続けていたのです。これが功を奏して、あなたはコロッケ販売をみんなに提案したのです。むしろ肉屋の息子こそが、クラスの陰の指導者だった。

脳の中の「わたし」が脳の他の部位に操られるとは、そういうことではないか。この身体の支配者だと信じていた「わたし」は、他の部位に操られていただけだ。徹底してやらされていた「わたし」に自由意志などない、自由意志は幻想だ、というわけです。

自由意志は本当にあるのか、ないのか。ないだろうと思う根拠は、**決定論**にあるのです。何かが、誰かが、他のものをコントロールし、その動きを決定している。科学は、「厳密に条件を指定できるなら、その後何が起こるか決定できる」と主張しますから、すべては決定論に支配されていることになる。この決定論を認める限り、自由意志など成立し得ないというわけです。

自由意志と決定論は共存できるわけがない。そう思いますね。しかし、自由意志と決定論が共存可能か否かは、もう一つ別の条件に依存している。それを主張したものが、自由意志の根拠を数学的に示そうとした自由意志定理です。[3]

自由意志定理は、三つの要素から構成されます。それは決定論・自由意志・局所性と呼ばれる三つの要素です。自由意志定理は、この三つがトリレンマになっていることを示すのです。トリレンマというのは聞きなれないかもしれません。でもジレンマというのは耳にしたことがあるのではないでしょうか。

ジレンマというのは、二つの条件や状況が両立せず、あちらを立てればこちらが立たず、という板挟みの状態を意味します。お笑い芸人を目指して頑張っているものの、なかなか芽が出ない。田舎の父親は、帰ってきて家業の和菓子屋を継いでくれ、と言い始めました。和菓子屋はそれなりに順調で、お金の面では悪くない。夢をとるか実をとるか、というジレンマがここには認められるわけです。

トリレンマというのは三つの条件や状況が同時に成立することはない、ことを意味しています。三つのうち、一つを放棄しないことには矛盾が生じる。しかし、逆に、三つのうち一つを放棄すれば、残りの二つは両立することを意味しているのです。

決定論と自由意志もジレンマのように思えます。決定論が成り立つのなら、わたしの自由意志は成り立たず、自由意志が成立するというのなら、決定論的世界観は成り立たないように思えるからです。

ところが自由意志定理は、決定論と自由意志に局所性という概念を加えてトリレンマだと言うのです。それは局所性という要素さえ放棄するなら、決定論と自由意志は両立するという主張なのです。

数学的な自由意志定理は、量子力学に基礎づけられています。量子力学では、局所性が放棄されることで、非局所性がみられます。だから決定論と自由意志は、量子力学によって両立するのです。量子力学における非局所性とは、次のようなものです。(4) 二人の男女、ハルトとサクラが東京駅にいます。ここは日常的なスケールで量子力学が適用される、仮想世界だと思ってください。さて、十円硬貨と百円硬貨が一枚ずつ入った袋が二つあって、ハルトとサクラは、各々自分用に用意された袋に手を入れ、いずれかの硬貨を掌に握ります。つまりハルトとサクラが共に十円を握る、共に百円を握ることもあるし、互いに異なることもあるわけです。

硬貨を選んだ後、ハルトは神戸へ、サクラは仙台へ移動します。ここでハルトが神戸で掌を開くと百円硬貨が現れます。次にサクラが仙台で掌を開くと、十円硬貨が現れる。もし、ハルトが十円なら、サクラは百円になる。一方で百円硬貨が見出されると、まるで一瞬のうちに神戸から仙台へ情報が伝わったかのように、他方で十円硬貨が現れる。共に同じ硬貨ということはないのです。これが量子力学における非局所性です。とはいっても、量子力学では粒子のもつスピンという性格を硬貨のかわりに考えます。スピンでは、十円硬貨と百円硬貨が分離できない「もつれ」状態が存在し、「もつれ」によって非局所性が実現されるのです。局所を独立に想定できない。このような世界では、決定論と自由意志が両立するというのです。しかし、日常的にはピンとこない話ですね。

量子力学の効果がほとんど期待されない、日常生活が営まれるこの現実で非局所性を実現しようとすると、こうなります。(4) 十円硬貨と百円硬貨が一枚ずつ入った袋は一つだけ用意されます。最初ハルトが袋の中で硬貨を選び、握り締め、取り出します。次にサクラが同じ袋に手を入れ、残りの硬貨を握り締め、取り出します。あとは同じです。神戸でハルトが、仙台でサクラが掌を広げると、ハルトが十円硬貨ならサクラは百円硬貨、ハルトが百円硬貨ならサクラは十円硬貨になるというわけで、非局所性が実現されます。

十円硬貨と百円硬貨が一枚ずつで、これを二人で分け合うのですから、非局所性と言うべきものでもない。しかし、こうでもしないと、日常生活で非局所性は見出せない、というわけです。この例は古典論的非局所性と呼ばれます。

しかし本書では、量子力学における局所性・非局所性とは一見異なる形で、しかしより包括的な定義によって、局所性を考えます。それによって、決定論・自由意志・局所性のトリレンマを、より一般的に捉え直すのです。

ライオン狩りと酋長の踊り

私が自由意志定理というものを耳にした時、私はやはり自由意志なんてものに興味はありませんでした。しかし、だいぶ経ってから、自由意志定理の本質が、自由意志・決定論・局所性のトリレンマにあることを知り、そういえば同じことを、分析哲学者のダメットが扱っていたことを思い出しました。そして、ダメットのトリレンマは、より普遍的な言い回しになっていて、意識の問題に、ダイレクトに響くのではないか、と思ったのです。

　ダメットのトリレンマは、次のような思考実験に現れます。思考実験というのは、現実にはない特殊な条件を仮定し、論理的正当性について考えてみることです。それは、次のようなものでした（図7－1）。

　仮想的な村を考えます。その村には成人の儀式があり、若者はある年齢になるとライオン狩りをしなくてはなりません。ライオン狩りにおいて若者が勇敢であった、ということがライオン狩りの成功を意味します。若者は、村で大人として迎えられるためには、ライオン狩りに成功しなくてはいけないわけです。

　若者は村を出て二日間歩き続け、ライオンのいる場所に辿り着きます。その後、二日かけてライオン狩りをします。ライオン狩りが成功しようと失敗しようと、狩りは二日で終わりになり、その後、二日かけて若者は村に戻ってくることになります。

　若者が村を出ると同時に、村の酋長は「ライオン狩りが成功しますように」という祈りの踊りを踊り始めます。酋長は、自分の踊りによってライオン狩りが成功するのだと信じ、踊らなければ失敗する、と信じています。この踊りは、若者が村を出てから村に帰ってくるまで、都合六日間続きます。

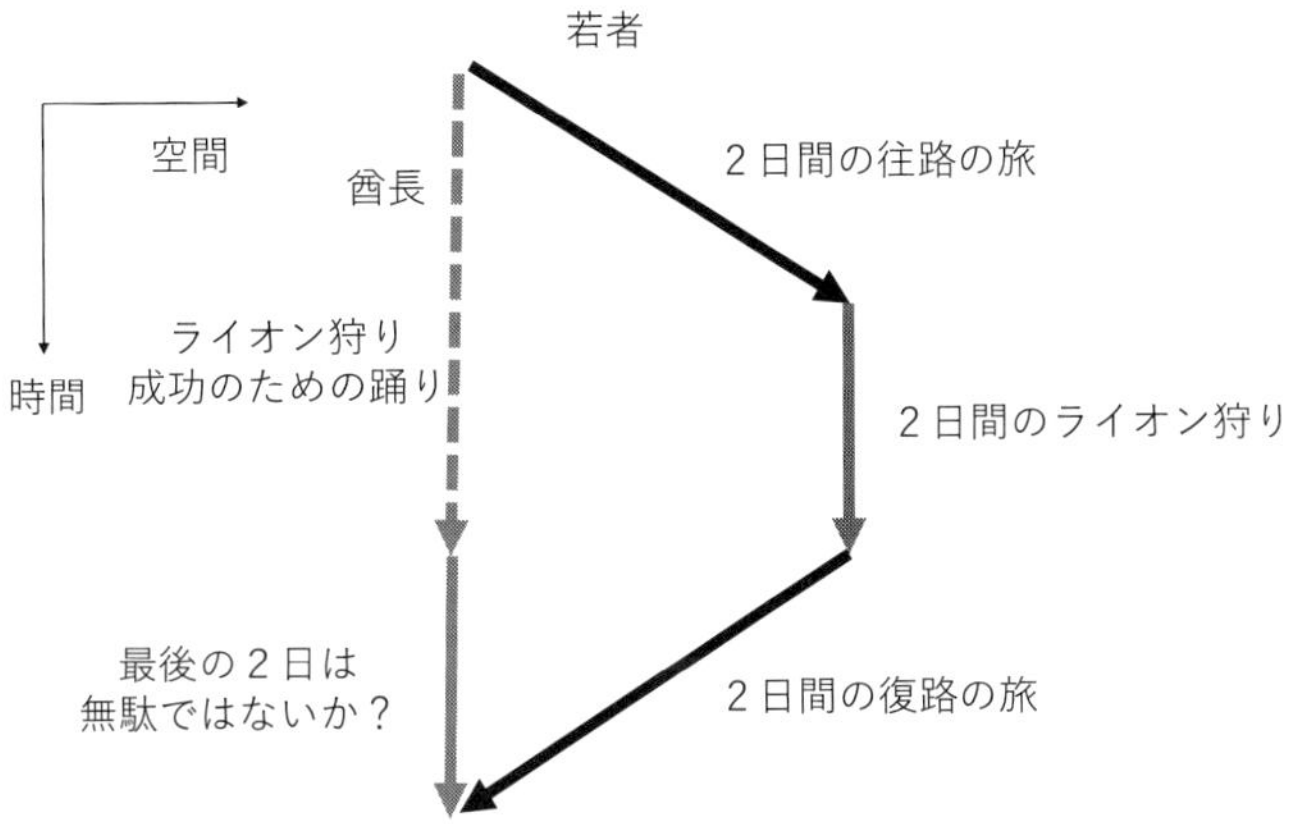

図7-1　ダメットの思考実験
踊りを踊る酋長を説得できるか。

ここでおかしなことに気づきますね。ライオン狩りは、若者が出て四日目には、既に終わっているのです。その後の二日は、帰途につくだけです。つまり最後の二日の、ライオン狩り成功のための踊りは、意味のない踊りではないか。では、そのことを酋長に伝え、「最後の二日の踊りは意味がないから、踊る必要はない」と、酋長を説得できるでしょうか。それが、ダメットの考えた問題なのです。この問題には、自由意志、決定論、局所性の三つの要素が登場します。

第一に自由意志、これは酋長が、自分で踊ろうと思えば踊り始めることができ、やめようと思えばいつでもやめられる、踊りに関して、する・しないの、選択の自由があることを意味するものです。それほど大袈裟なものではありません。

第二に決定論です。これは酋長の踊りが、確かにライオン狩りの成否を決定しているという決定論を意味します。酋長が踊るとき、ライオン狩りは成功し、踊らないとき失敗する。酋長の踊りとライオン狩りの成否の間に、一対一の対応関係があること。これが決定論の意味です。

「氷を鍋に入れて熱すれば水になる」、といった決定論は受け入れられますが、酋長の踊りに関する決定論は、過去を変えるもので、原理的に成り立たないように思えます。しかし、そうではありません。これについては局所性の後で簡単に説明します。

第三に、問題の局所性です。局所性とは、空間的に隔てられた二つの場所で、一方が他方の情報を、情報を持つものに何ら影響を与えることなく、知ることができることを意味します。このことは、空間的に隔てられた場所の、知ること（観測）からの状態の独立性を意味するものです。定義自体は、量子力学で定義した局所性と同じです。

ハルトとサクラの例を思い出すなら、各々の硬貨の選択が独立で、共に十円硬貨、共に百円硬貨を取ることもあれば、互いに異なることもある、全ての可能性が許されていることが局所の独立性で、局所性の成立を意味します。非局所性はその否定ですから、「知ることができるなら、情報を持つものに影響を与える」となります。掌を広げた瞬間、硬貨が互いに異なり相関を持ってしまう（影響を与える）、という量子力学の効果は、この意味でも非局所性を表すことになります。

この定義に則して考える限り、百円硬貨と十円硬貨を最初から分け合う古典論的非局所性はおかしいですね。知ることで、相手に影響を与えるわけではありませんから。

しかし、日常生活では、局所性が成り立たない場合も、多く認められるのではないでしょうか。「アタリ」付きアイスは、食べない限り、アタリ・ハズレがわかりません。逆に知ろうとして、購入前にアイスを食べてしまっては、折角のアタリも危険人物として無効にされるでしょう。知ることが、影響を与えるというわけです。

この局所性の定義は、空間全体を見渡して場所ごとの情報を知る、超越的存在を意味するのです。逆に、局所性が成り立たないとき、知ることの範囲は限定的となります。しかしその知ることの外部に一切関わらないというのではなく、**知ろうとして影響を与えてしまう**。局所性の不在は、この現実をそのように見なすことを意味します。[6]

酋長の場合、局所性は、若者が村に戻ってくる二日前、若者が村から遠く離れた場所にいるにもかかわらず、酋長がライオン狩りの成否を知ることができること、を意味することになります（観測が状態に影響を与えないのです）。

自由意志、決定論、局所性の三つの要素が、トリレンマを成している。これを証明する前に、決定論について注意しておきます。ここでの決定論は、直ちに、過去が変えられることを意味するわけではないのです。

酋長が、こう言ったとします。「自分は、過去を変えるつもりで踊っているわけではない。ただ、私が踊ったとき、いつもライオン狩りは成功していた。数年前、たまたま一度だけ病に伏して踊らなかったときがあった。そのとき、ライオン狩りは失敗したのだ。だから私はライオン狩り成功のために踊るのだ」。

酋長のこの弁明に違和感はないはずです。それは、ライオン狩りの成功を祈念して踊るものではあっても、既に終わっているライオン狩りの成否を、変えようとするものではないのです。

我々もまた、同様の祈りをするでしょう。高校や大学の合格発表では、掲示板に合格者の受験番号が張り出されます。合格者のリストは、当初白い紙に覆われ、発表の時刻になった時点で覆いが外されることになります。これを見ているあなたは、覆いが外されるまで、「どうか自分の受験番号がありますように」と祈るでしょう。もちろん、覆いを外す以前から、あなたの受験番号がリストに載っているか否かは、決定されていたのです。にもかかわらず、あなたは祈る。しかしそれは、リストの数字を変えようとする祈りでは、ないはずです。ただ祈るのです。

ただ祈ることが、しかし経験的に、結果の成否と相関を持っている。祈れば成功し、祈らなければ失敗だったという信念を持っている。これがここでの、決定論の本質だということになります。決定論の有無は、決定論に関する信念の有無なのです。

以上で準備が整いました。自由意志・決定論・局所性のトリレンマについて、証明したいと思います。

トリレンマ

ライオン狩りの成功を祈念して踊る酋長の状況にあって、自由意志、決定論、局所性の三つが同時に成り立つことはない。

第一に、局所性が存在しない場合について考えます。酋長の信念において、局所性は存在していません。若者の出発から四日目、ライオン狩りが終わった時点で、彼はライオン狩りの成否について、知ることができないのです。これはライオン狩りの結果の、真実を知ることができないという意味です。知れば、実際の狩りの結果に（例えば若者が報告時点で嘘をつくなど）、影響を与えるからです。だから彼は、自分の踊りとライオン狩りの成否が、強い相関を持つと信じられるのです。すなわち、ここには決定論があります。

酋長はまた、踊りに関して自由を持っていると言えるでしょう。ライオン狩りについて結果がわからないので、どうしても踊りたくないと思ったら、踊らないことが可能です。「ライオン狩りは確実に失敗したのだ。私にはその予感がある」という場合、酋長は踊りたくないでしょう。そのとき、彼には踊らない自由があるのです。さらにそのような場合ですら、予感にかかわらず踊りたいなら、彼は踊ることができるのです。かくして、酋長にあって、自由意志が存在すると言える。

局所性が存在しない場合、確かに、決定論と自由意志は共存可能なのです。

第二に、局所性が存在する場合を考えます。酋長は、若者の出発から四日目の時点で、ライオン狩りの成否を知ってしまう。ライオン狩りのライブ中継を、モニターで見て知ることも、現代なら可能です。そういった形で、局所性が存在すると仮定するのです。

局所性が存在する条件下で、自由意志のみが存在し、決定論は存在しない場合を考えます。ここにあるのは局所性と自由意志だけということになります。酋長は踊りたいときに踊り、踊りたくないと思ったら踊らない。このときもうライオン狩りの成否はわかっているわけですから、ライオン狩りが成功している場合も、失敗している場合もあるでしょう。酋長はこの結果を知りながら、自由に踊るか踊らないかを決めます。当然、失敗していて踊る場合、成功していて踊らない場合、という組み合わせも存在することになる。すなわち、確かに決定論は成り立っていませんが、局所性と自由意志は共存可能であることがわかります。

次に、局所性が存在する条件下で、決定論のみが存在し、自由意志は存在しない場合を考えます。酋長は、決定論が成立するように、踊らなくてはならなくなります。ライオン狩りが成功していると知ったとき、踊りたくなくても、踊りと成功が関係づけられるように、酋長は踊らなくてはならない。ライオン狩りが失敗したと知ったとき、踊りたくても、踊らないことと失敗が関係づけられるように、酋長は踊ってはいけないのです。ここに酋長の踊りに関する自由はありません。しかし、局所性と決定論は共存可能なのです。

第一、第二の場合を通して、自由意志・決定論・局所性の三つのうち、一つを捨てる組み合わせの全てが、尽くされたことになります。これによって、三つのうちどの一つを捨てても、残り二つの要素は共存することが示されたわけです。

最後に、自由意志、決定論、局所性の三つが、全て成立する場合について、考えてみます。局所性が成立するので、酋長はライオン狩りの結果を知っています。自由意志が成立しているので、好きなときに踊ろうとします。さらに決定論も成立していると考えると、ライオン狩りが成功し、酋長が自由意志を行使して踊らない場合、決定論が成り立たないことがわかります。逆に決定論が成立する場合、酋長から踊る自由が失われます。

ライオン狩りが成功している場合には、酋長は踊りたくなくても、まるで自動人形のように体が勝手に動いて、踊ることになります。狩りが失敗している場合には、踊りたいのに体が麻痺し、踊れないという事態を招くことになります。つまり局所性が存在するとき、自由意志と決定論は同時には成り立たないのです。

同じ状況は、自由意志が存在するとき、局所性と決定論が同時には成り立たない、と読み替えることもできますし、決定論が存在するとき、局所性と自由意志が同時には成り立たない、と読み替えることもできます。

以上から、自由意志・決定論・局所性は同時には成り立たず、トリレンマを成していることが示されました。

思考実験の最初に立ち返って、ダメットの問いについて考えましょう。彼の問いは、ライオン狩りのこの状況で、「最後の二日の踊りは意味がないから、踊る必要はない」と説得できるか、というものでした。

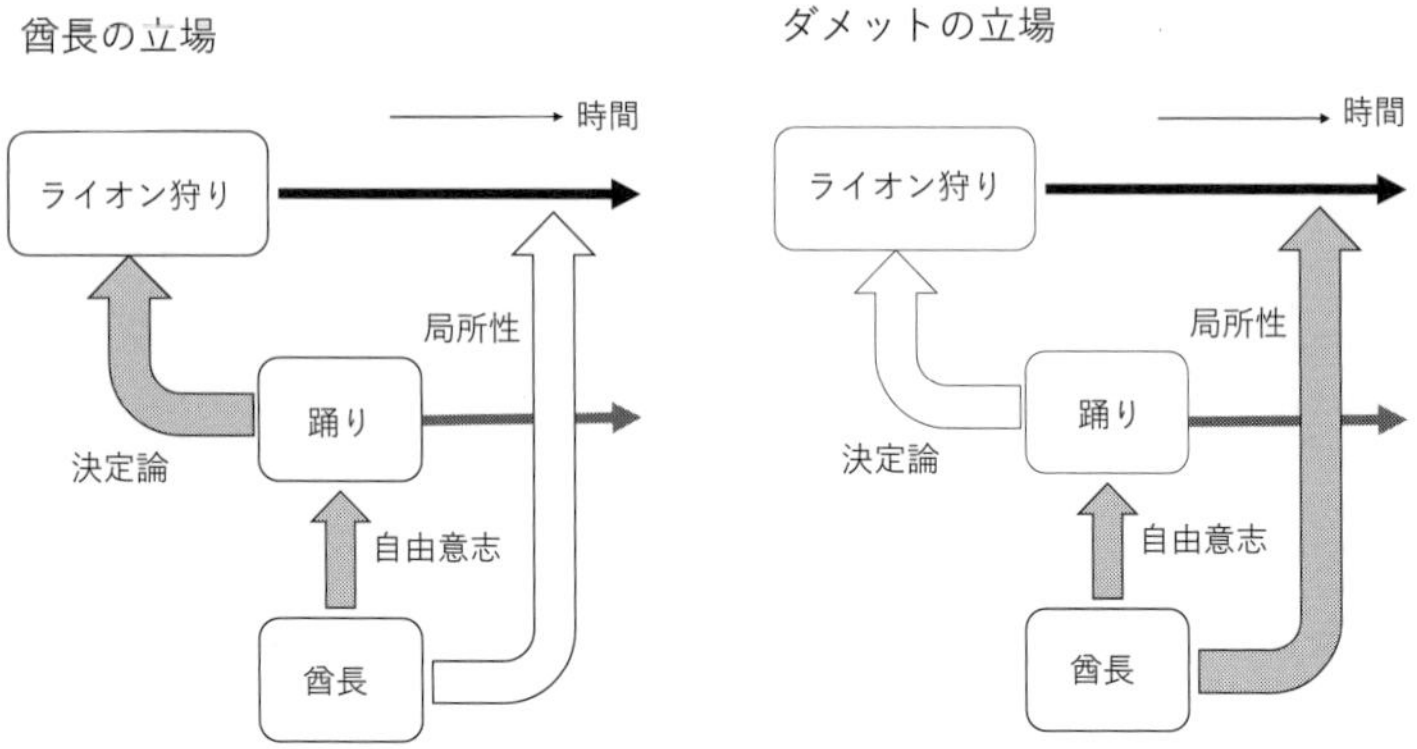

図7-2　自由意志・決定論・局所性のうち、どれを捨てるのか
トリレンマにおける、酋長の立場と、ダメットの立場。

ライオン狩りの同じ状況を問題にしているにもかかわらず、酋長の立場と、酋長を説得しようと試みるダメット（及び私たち）の立場では、状況の解釈が違うことがわかります。どこが違うのか。それは、自由意志、決定論、局所性の三つのうち、何を採用し、何を棄却しているかが違うのです。

酋長において、自由意志と決定論は共存していています。しかし局所性を捨てています。ダメットにおいて、自由意志と局所性は共存しています。しかし決定論を捨てているのです。重要な点は、両者の解釈が、共にトリレンマの成立を認めた上で成り立っている点です。トリレンマを認めているからこそ、三要素のうち一つを捨てている。その違いが、酋長とダメットの解釈の違いなのです。

図7－2に、酋長の解釈とダメットの解釈の違いを示しておきます。各々の図において、時間は左から右に進んでいます。出来事の進行は細い矢印で描かれています。局所性は酋長がライオン狩りの成否

を知ることですから、酋長からライオン狩りに至る太い矢印が、これを表しています。同様に、酋長から踊りへの太い矢印が、自由意志を、踊りからライオン狩りへの太い矢印が、決定論を表しています。酋長、ダメットそれぞれの立場で、自由意志・決定論・局所性のうち採用された要素は灰色の太い矢印で、捨てられた要素は白抜きの太い矢印で表されています。この図から、酋長は局所性を、ダメットは決定論を捨てていることが示されています。

以上を鑑みて、ダメットはこう結論づけます。トリレンマの成立を認めた上で、自由意志・決定論・局所性のうちどれを捨てるかは、文化の違い、趣味の違いのようなもので、そこに優劣はない。だから、ダメット自身の立場が酋長の立場に優位性を持ち、この優位性によって、酋長への説得が根拠づけられることはあり得ない。すなわち、我々は決して、酋長を説得できない、というわけです。

ダメット自身による議論はこれで終わりです。人によっては、拍子抜けした読者もいるかもしれません。しかし私は、この議論が、意識とは何かを考えるにあたり、重要なヒントを与えてくれたと思いました。

時間軸を考慮して図7－2を見ると、酋長が、過去に遡って、すでに終わっているライオン狩りを、まるで自分がコントロールしているかのように振る舞っていることがわかります。この状況は、本章最初の節の冒頭で述べた、無意識による、脳の中の「わたし」に対する先行性にそっくりではないでしょうか。まさにこの点に、トリレンマの意味があると思われるのです。

脳の中の酋長

ライオン狩りの村における酋長は、脳の中にも見出せます。[7] 図7－3に示すように、単純な置き換えをすることが可能です。図7－3右では、まずライオン狩りを、無意識などから発せられた準備電位に置き換えます。これら無意識およびその活動を総称して、脳内他者ということにします。酋長は、意図的意識に置き換えられます。意図的意識とは、脳の中で明示的に自分自身を意識する「わたし」を司る脳領域です。これをここでは「わたし」と呼ぶことにします。「わたし」以外の脳の活動が、ここでは脳内他者と呼ばれることになります。

酋長が踊る踊りは、脳の中で意図的意識（「わたし」）が発したと信じている筋肉への運動指令に置き換えられます。実際には、この「わたし」による運動指令に先行して、脳内他者が真の運動指令を発しているわけです。だから、ライオン狩りの村における酋長が、すでに完了している結果に対して、意味のない踊りを踊るように、脳の中の「わたし」は、すでに完了している運動指令に対して、意味のない後追い的運動指令を発することになるわけです。

図7－3左に示した、ライオン狩りの村における酋長は、酋長自身に酋長が踊ることを加えて「自己」と規定しています。その人の行為は、その人と分離できません。その限りで、行為を引っくるめて、個人を規定しているわけです。この個人が、村という共同体の中に位置づけられているのです。

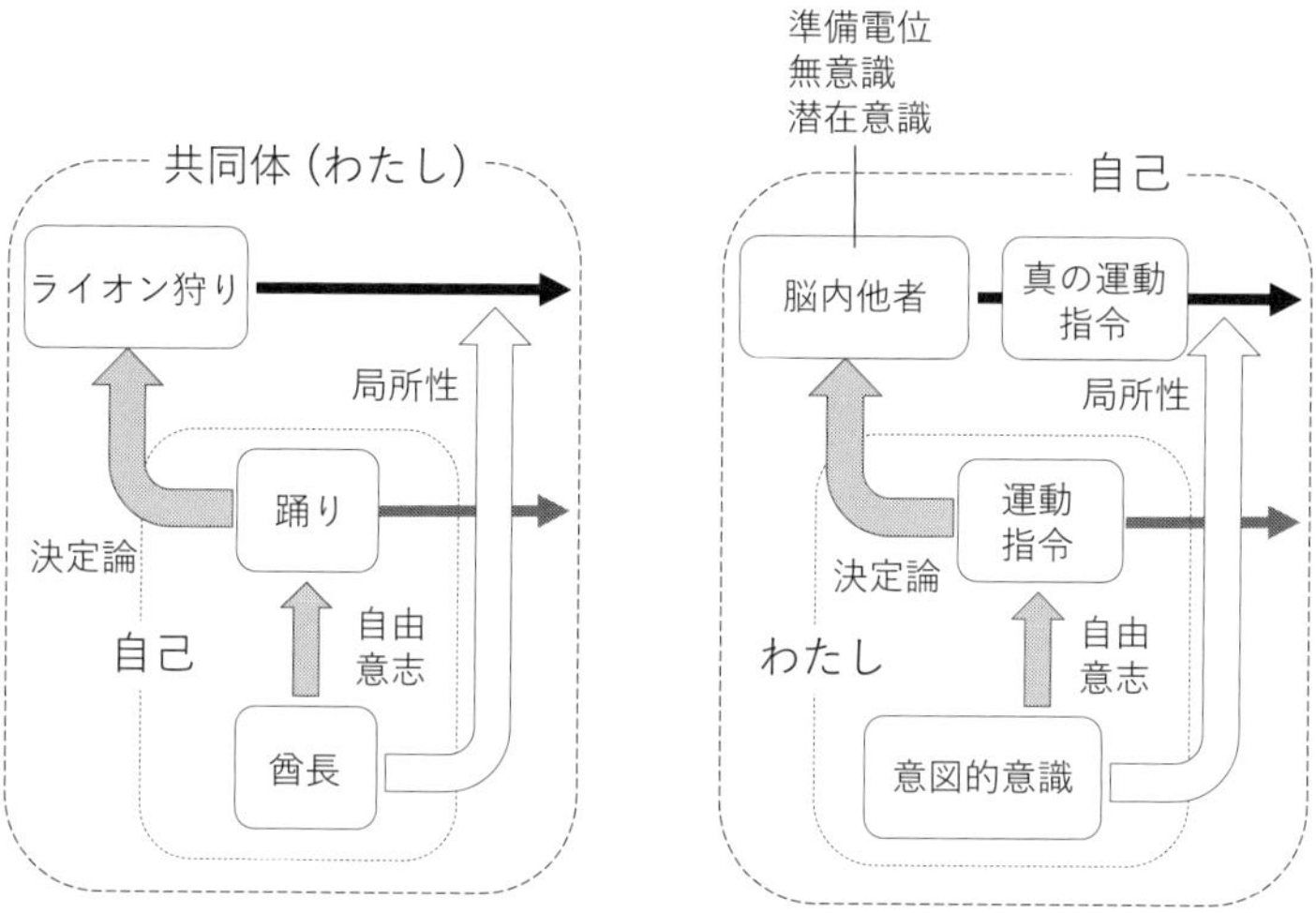

図7-3　ライオン狩りの村における酋長（左）と、脳の中の酋長（右）

ダメットの議論において、局所性の不在は、「遠く離れたライオン狩りの成否を、知ることができない」という否定的意味合いしか持ちません。しかし、共同体の中で局所性が失われている、ということには、文化人類学的見地から、もっと別の肯定的意味を求めることが可能でしょう。

局所性の不在は、正確には、「遠く離れたライオン狩りの情報を、その情報を担うものに影響を与えることなく、知ることができない」というものです。それは、「知ることができるときには、少なくとも必ず相手に影響を与えている」ことを意味します。例えば、夢のお告げや精霊を介した伝達など、現代西洋的社会では否定されがちな摩訶不思議が、自然に密着した、様々な文化では信じられています。それは単なる迷信でしょうか。いや、局所性の不在は、相手に影響を与えながら、遠く隔てられた場所の情報の獲得を、原理的に含んでいるのです。
遠く離れた局所、それは、うかがい知れない外部や他者を意味するはずです。しかし、自然に密着した文化において、他者は互いに影響を与える形で、半ば、分離できない。「わたし」と他者は区別されるものの、完全に分離することが不可能なのです。[8]

現代社会の我々にあって、「わたし」はこの肉体の中に封緘されていると信じられていますが、逆に自然に密着した文化では、「わたし」は外部、他者、に広がっていると言ってもいいでしょう。図7－3左における共同体（わたし）は、共同体全体にまで広がっているであろう「わたし」を意味しているのです。

以上のような、局所性の不在の肯定的意味合いを考慮して、村の酋長から、脳の中の酋長への置き換えを吟味しましょう。第一に、行為を含めた個を自己と規定したのと同様に、自らが発する運動指令を含めた意図的意識（という脳の部分領域）が「わたし」とされます。「わたし」以外の脳の他の領域と「わたし」を合わせた全体が、「自己」と規定されます。この脳の他の領域は、準備電位を発する無意識や潜在意識や、そういったものの全体であり、かつ脳にとどまらず、身体まで含むかもしれません。そういった全体が「自己」なのです。[9]

村の酋長から脳の中の酋長への置き換えによって、自己の外部に広がっていた他者・外部性は、脳の中の他者に置き換えられることになります。つまり自然に密着した社会にあって外部に広がっていた他者が、自己の内部に取り込まれている、と考えられます。

ダメットの論じた村の酋長に準ずるなら、脳の中の酋長、すなわち「わたし」は、自分で肉体を動かす自由（運動指令を発する自由）を有し、自分こそが肉体を動かせる（自分の指令が原因となって肉体を動かすという結果を実現する、因果的決定論を担う）と信じているわけです。その自由意志と決定論の共存は、「わたし」が、脳の中の他者の情報を知り得ない（局所性の不在）からだ、ということになります。

ダメットの論ずる村の酋長は、西洋人が想像する、「未開の文化の酋長」だと言っていいでしょう。そこには、局所性の不在の肯定的意味合いが抜けています。もしダメットの言っている意味での「ライオン狩りの成否を知らない」酋長を想像するなら、共同体は、自己を含む上位概念に過ぎず、「わたし」と同一視されることはないでしょう。

自然に密着した文化圏の村の酋長は、局所性の不在の肯定的意味合いを担い、「ライオン狩りの成否を、それを担うものに影響を与えることで知ることができる」者となるのです。だから、共同体は「わたし」でもあるのです。「わたし」の中に「徹底的な外部＝他者」が潜んでいるのです。

そういった文化圏の村の酋長を置き換える形で、脳の中の酋長を見ることが必要なのです。一見すると、「自己」は「わたし」に置き換えられ、「共同体（わたし）」は「自己」に置き換えられ、「自己」と「わたし」の関係が転倒するかのようですが、「自己」と「わたし」は区別されながら、分離できない。転倒は見かけ上の転倒に過ぎないのです。

以上を考慮する限り、脳の中の酋長（「わたし」）は、脳の中の他者を全く知らず、単なる勘違いによって、自分が脳の中の意思決定者だと信じている、のではなく、脳の中の他者を、「知覚できないが存在する者として扱っている」のだと考えられます。局所性の不在の意味は、この、「わたし」と他者の、区別された上での未分化性にあるのです。

自分は能動的な意思決定者として振る舞っているが、他者によって受動的に動かされているだけかもしれない、しかしそれが翻って、わたしの能動性なのだ、という感覚こそ、「わたし」の能動性の起源かもしれないのです。これについては、本章の後半で議論しながら、結論づけることになります。また局所性の不在・存在の脳科学的意味についても、議論することになります。

さて、準備電位に先行される「わたし」の自由意志と、ライオン狩りの村の酋長とのアナロジーから、局所性の不在を体現した意識が見出されました。しかし、自由意志・局所性・決定論のトリレンマにあって、局所性の放棄は、一つの可能性に過ぎません。自由意志を放棄すること、決定論を放棄することも可能です。それらは、どのような意識をもたらすでしょうか。ここから我々は、三つの意識構造を見出すことになるのです。

三つの意識構造

トリレンマを構成する三つの要素から、いずれか一つを放棄し、それによって実現される意識のモ

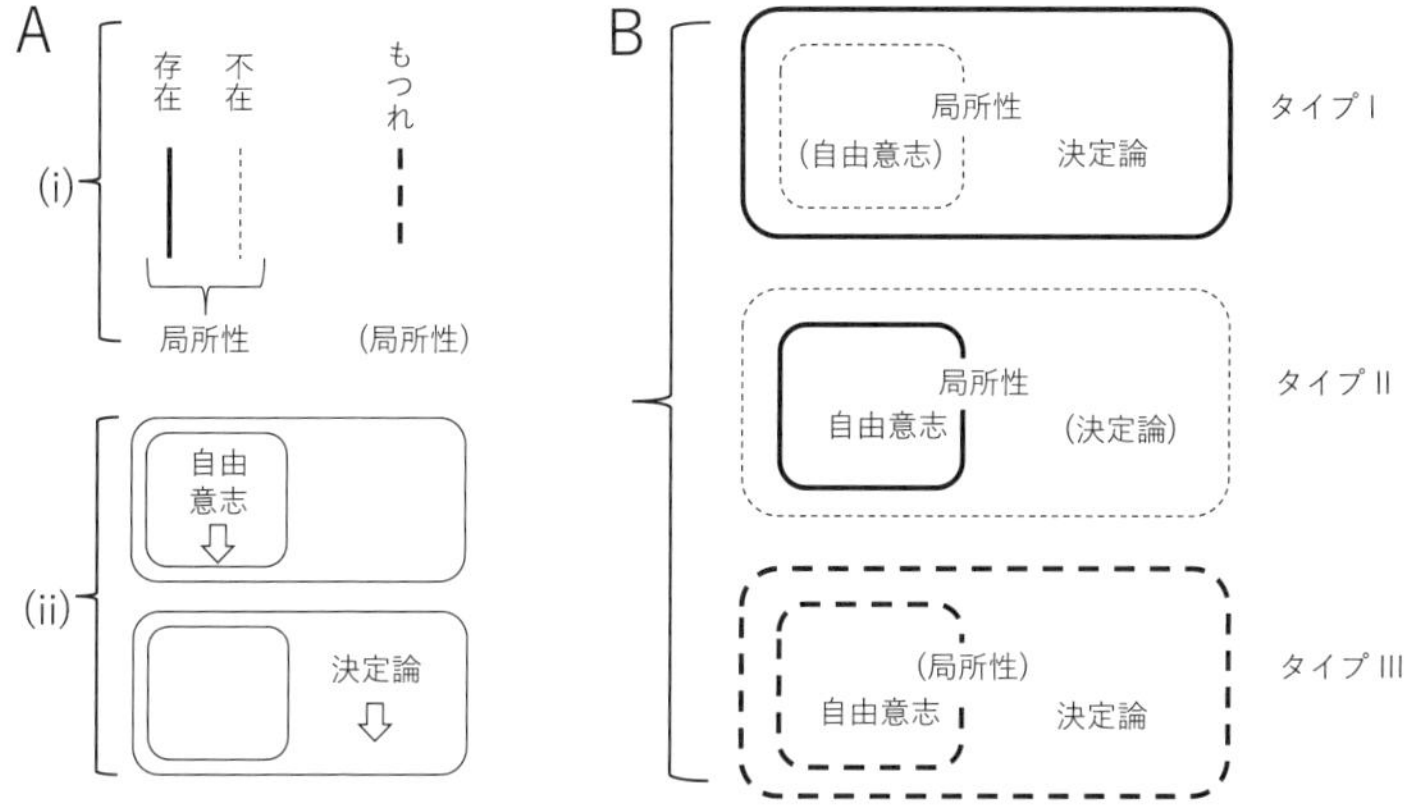

図7-4　局所性・自由意志・決定論

A.　トリレンマの三要素、局所性・自由意志・決定論の意味するもの。

B.　トリレンマの三要素から、自由意志を捨てたもの（上段）、決定論を捨てたもの（中段）、局所性を捨てたもの（下段）。各々は、三つの意識構造を意味する。

デルを構想する。それによって、三つの意識のモデルが得られることになります。これを実現するために、どのようなフレームワークを用い、要素の存在・不在が何を意味するのか、定義しておきます[7]。

図7－4Aは、意識構造のモデルにあって、トリレンマの三要素が何を意味するのか表した模式図です。前提となる意識のフレームワークは、「わたし」と「自己」の二重構造です。図7－4A(ii)に示された二重になったループは、内側のものが「わたし」、外側のものが「自己」を表しています。内側のループの内部は、意図的意識とそれが直接的に実行する、運動指令などの振る舞いで構成されることになります。内側のループと外側のループの間の領域は、準備電位や無意識、潜在意識から成る「脳内他者」の領域となっています。ループは、内と外を隔てる境界にな

っています。

図7―4A(i)は、局所性の定義を示しています。局所性は、境界の性格を規定します。局所性が存在するとき、指定された境界が存在し、指定されない境界は不在となります。境界の指定は、他の要素である自由意志と決定論の有無によって定義されます。局所性が不在のとき、境界は「もつれ」形態となります。もつれ境界は、指定された境界が、存在するとも、不在であるとも言えない、その中間的な形式を意味します。その結果、隔てられた境界の内と外は、区別されながら、分離できないものになります。

図7―4A(ii)は、自由意志と決定論の定義を示しています。自由意志の存在は、自由意志を担う内側の境界（「わたし」の境界）を指定します。自由意志の不在は、内側の境界の指定ができないことを意味します。決定論の存在は、意識構造における全体、すなわち外側の境界（「自己」の境界）を指定します。決定論の不在は外側の境界の指定ができないことを意味します。

トリレンマを構成する三要素、局所性・自由意志・決定論のいずれかを放棄し、図7―4Aの定義を適用するとき、三つの意識構造、タイプⅠ、Ⅱ、Ⅲが得られます。図7―4Bに、三つの意識構造の概念図を示します。各々において、トリレンマの三要素のうち、放棄された要素はカッコで括られて記されています。三要素が全て存在するとき、「わたし」と「自己」が共に明示的となり一致しません。これがトリレンマの矛盾です。

タイプⅠの意識は、自由意志が放棄され、決定論と局所性が存在する組み合わせによって、実現されています。自由意志が放棄され、決定論が存在するため、内側の境界は指定されず、外側の境界のみが指定されます。局所性が存在することから、指定されない内側の境界は不在、指定された外側の境界のみ存在することになります。

タイプIIの意識は、決定論が放棄され、自由意志と局所性が存在する組み合わせによって、実現されています。決定論が放棄され、自由意志が存在するため、外側の境界は指定されず、内側の境界のみが指定されます。局所性が存在することから、指定されない外側の境界は不在、指定された内側の境界のみ存在することになります。

タイプIIIの意識は、局所性が放棄され、自由意志と決定論が存在する組み合わせによって、実現されています。自由意志も決定論も存在するため、外側の境界も、内側の境界も、共に指定されます。局所性が不在であることから、外側の境界も内側の境界も「もつれ」形態となります。脳の中の酋長はタイプIIIの意識において、実現されているのです。

では実際、タイプI、II、IIIの意識構造はどのように特徴づけられるでしょうか。以下、各々のタイプについて各論を述べることにします。

タイプIの特徴は、意図的意識と無意識の融合、すなわち、「わたし」と脳内他者の融合を意味します（図7－5）。この意味で、自己の内部に、「わたし」と区別される脳内他者は、現れません。ただし、区別された明確な脳内他者はいませんが、分離できない形で脳内他者は「わたし」の中に潜んでいると言ってもいい。

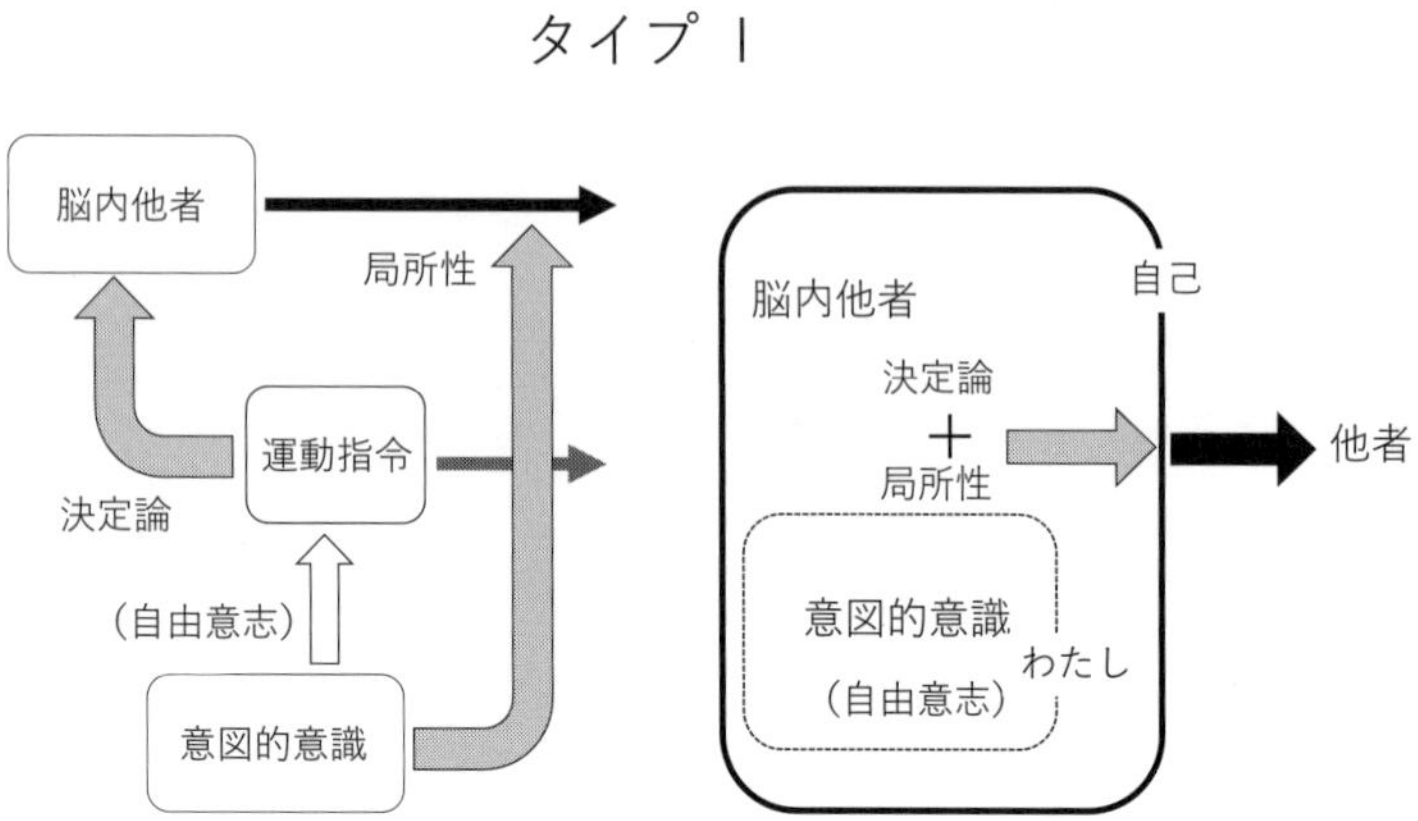

図7-5　タイプⅠの意識構造
自由意志の不在によって「わたし」と脳内他者の境界が消失する。

　他方、「自己」と現実の外界との境界は明示的で、タイプⅠの意識は、明確に外部から分離され、疎外されることになります。つまり外部を受け容れることが困難です。

　わたしと脳内他者が融合しているということの意味を考えてみます。脳の中の「わたし」と他者が隔てられているとき、分離されるにせよ、もつれ形態にせよ、「わたし」の境界の外部にあるものは、明示的に現れないでしょう。それは、「無視して構わないもの」を意味します。とりわけ境界がもつれ形態の場合、「わたし」は、脳内他者を無視できるように、焦点を当てた認識対象以外のものを無視できる。

　これに対して、自己の中の「わたし」と脳内他者が融合したタイプⅠの場合、区別できるが無視される、といった曖昧な知覚は許されない。許されるのは、知覚可能か否かだけで、可能なものは全て、明示的に現れてしまうでしょう。第一章で、スイーツであることを知りながら、その細目である、チーズケーキであることは知らない場合を例にとって、知っていること（既知）と知らないこと（未知）の共存について述べ、そこからデジャブの可能性について述べました。デジャブは、既知と未知が区別され、本来背景に退くべき既知が前景化することで実現される、と論じられました。

デジャブの状況と比較すると、タイプⅠの意識では、既知と未知が一切区別されず、図と地の区別がないまま、全てが前景化されることになります。チーズケーキであると知らないことと、スイーツであると知っていることが、同じ比重で出現し、「知っている」かつ「知らない」ことの矛盾が現れる。それがタイプⅠの意識の特徴となります。

矛盾は、文脈的意味合いを表すこともあるでしょう。どのようなスイーツなのか想像をめぐらしているとき、背景に退くべき「スイーツである」「食べ物である」「口に入れるものである」「わたしと関わるものである」……といった前提（フレーム）が次々に湧き上がってしまう。タイプⅠは、自らフレーム問題に陥る意識構造だとも言えるのです。

脳内他者が「わたし」と融合してしまうこと、それは、一方で、自己の中に、他者が失われることを意味し、他方で、自己と他者の分かち難さの実感を意味します。具体的な他人は、「多くの場合無視でき、なにか想定外のことをしても、それを受け容れることが可能な他者」ではなく、わたしと分離された対象である（自己とその外部の明示的境界がある）と同時に、わたしと一体化した、わたしに近しい者となるのです。

だからタイプⅠの意識は、「知覚できないが存在するもの」への構えが取れず、自己の知覚は裸の知覚で満たされてしまう。しかしながら、脳内他者との融合によって、具体的他人の他者性への直観は、他のタイプの意識より鋭敏なものとなるでしょう。それは本人にとって、他人との距離感が取れないこと、コミュニケーションの困難をもたらすでしょう。

第三章で「向こう側」の知覚を論じましたが、タイプIの意識は理念的な象徴的外部に敏感で、まさに「向こう側」には敏感ながら、それを「奥行き」として隠蔽できないのです。

以上のタイプIの特徴は、自閉症スペクトラムの人が示す、他人とのコミュニケーションの困難さに何か示唆するものがあるかもしれません。[10]

タイプIIの特徴は、「わたし」の境界の明確化と、自己の境界の消失です。自己の内部に、脳内他者とわたしが明確な境界を以って分離されることになります。同時に、自己と外界の境界が消失することは、現実の他人と自己が極めて融合しやすい特徴を示すことになるでしょう（図7-6）。

以上のタイプIIの特徴は、統合失調症の人が示す認知的振る舞いに、示唆的なものがあります。統合失調症の特徴に、自他分離の困難、自己の行動や情動を、他人のそれから区別することの困難さがあげられます。或る場合には、頭の中に他人の考えが入り込んでいると感じ（思考吹入《すいにゅう》と呼ばれます）[11]、自分の声を他人が出していると感じ、自分の腕を誰か他の者、例えばエイリアンが、コントロールしていると感じるのです（エイリアンコントロールと呼ばれます）[12]。

他方、他人が起こしている事件を自分がしていると感じ、他人の情動的行為には、必要以上に共鳴し、本人以上のストレスを感じてしまうと言われています。[13]

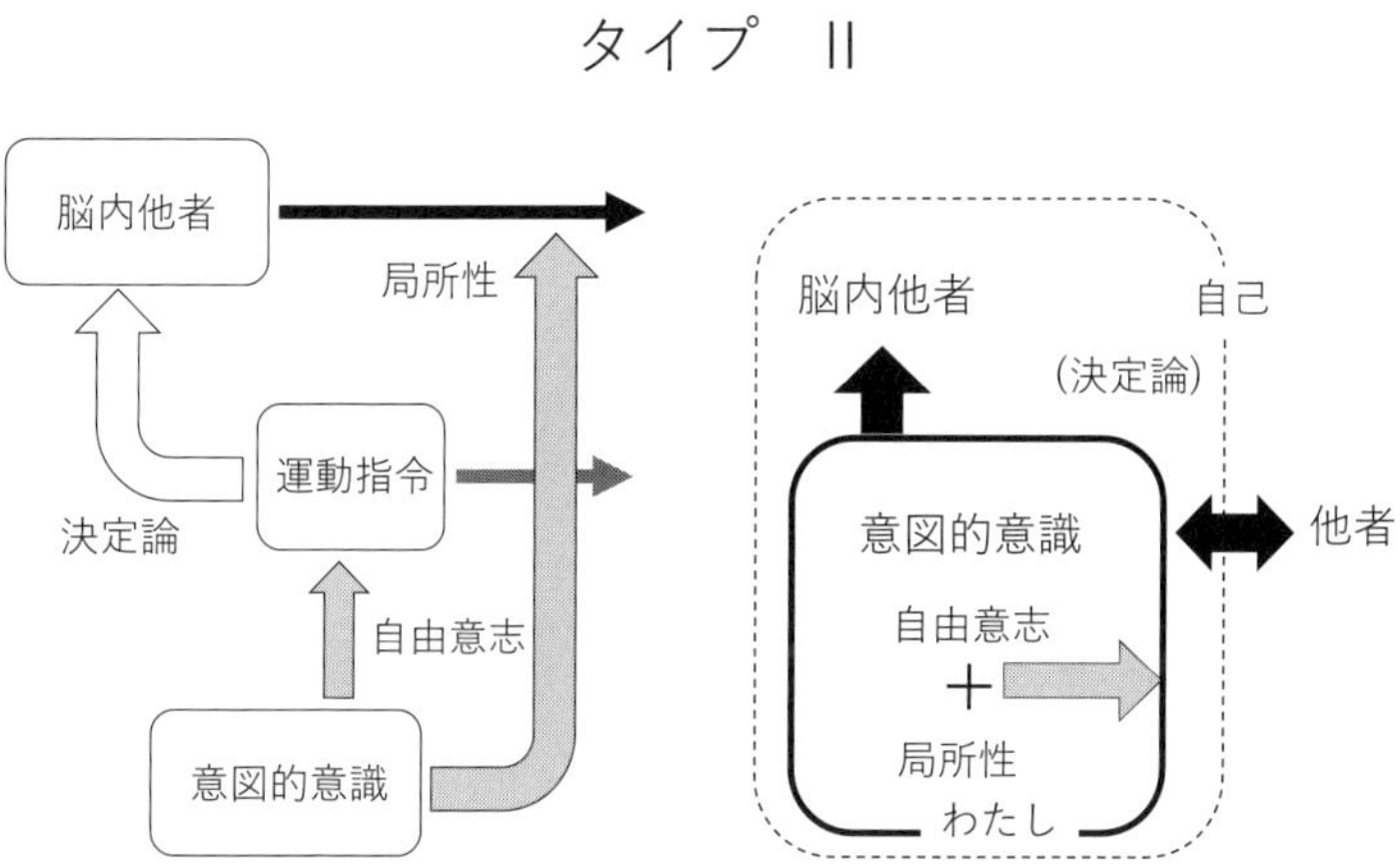

図7-6 タイプIIの意識構造
決定論の不在によって自己と現実の他者の境界が消失する一方、自己の内部の他者は明確な境界を持つ。

統合失調症の場合、一般に自他分離の困難がある、と括られますが、前者の思考吹入などは、自己の内部に他人を見出しているのであり、後者の共鳴などは、逆に、現実の他人に自分を見出している（他人を自分と同一視する）のです。つまり両者は、異なる現象だと考えられます。

統合失調症者には、感覚減衰が起こりにくいという特徴もあります。[14] 感覚減衰とは、無意識に予測可能な感覚刺激に対して、予測不可能なときに期待される感覚刺激より、感覚強度が落ちるという現象です。わかりやすい例は、自分で自分をくすぐってみても、くすぐったさを感じないという現象でしょう。自分でやるからこそ、予測が立ってしまうわけです。[15] これに対して統合失調症者は、他人が刺激しても、自分が刺激しても、そのくすぐったさが変わらないということになります。

統合失調症者の感覚減衰の失効については、運動予測に関する何らかの損傷があると言われていま
す。しかし、感覚減衰は幻聴などと相関があることが知られていますが、運動予測という議論は、こ
れについて説明できないなど、問題が残っています。

タイプⅡの意識構造は、自他分離の困難さ、感覚減衰の失効にも整合的です。タイプⅡでは、自己の中に「わたし」と脳内他者の明確な分離が現れ、自己の中に明確な他者が現れると考えられます(図7‐6)。それは、意図的意識が明確に意図した行動以外の振る舞いを、他人がしたこと、他人がコントロールしたことと感じることを意味します。だからそれは、思考吹入やエイリアンコントロール、そして、自分の思わず発した声を他人の声と感じる感覚に整合的です。

感覚減衰も、脳内他者が「わたし」と分離されていることで説明できるのではないでしょうか。折角実現されている無意識的な予測が、「わたし」から分離されてしまうため、予測が意味を失うと考えられるからです。この意味で、反復による慣れが実現されず、反復して与えられる刺激が、常に新規の刺激と扱われ、その結果、感覚減衰が失効するのだと説明できます。

またタイプⅡの意識構造は、自己の境界を喪失させますから、肉体を持った自己と、現実の他人の間の境界を、極めて曖昧なものにしてしまうと考えられます。これは、現実の他人を自己と同一視し、他人の行為に過剰に感情移入するかのような反応を、うまく説明するものと考えられます。

タイプⅢの意識構造は、局所性の不在によって特徴づけられる意識構造であり、ライオン狩りの村の酋長のアナロジーから得られた、脳の中の酋長の意識構造に対応するものです。決定論と自由意志

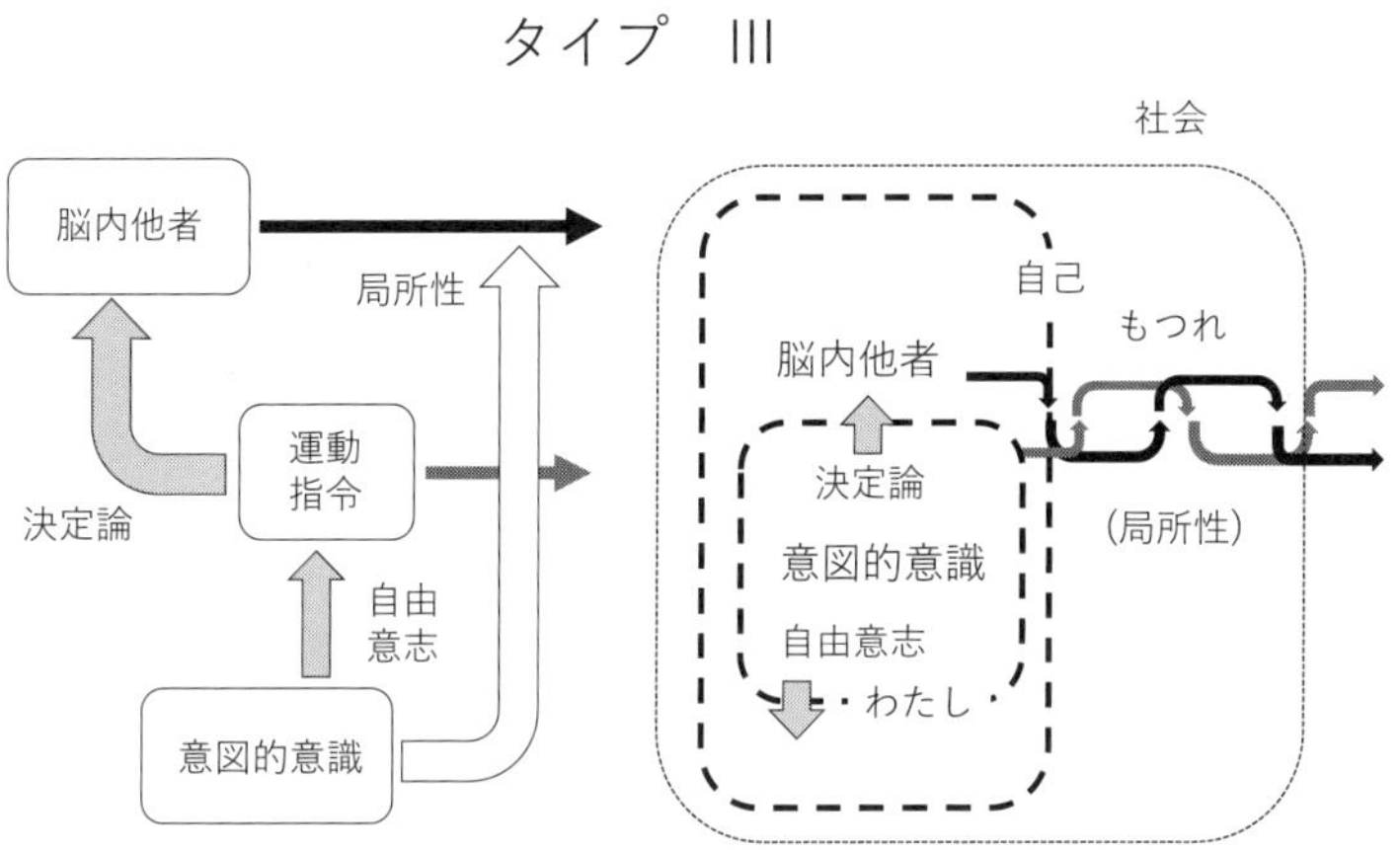

図7-7 タイプⅢの意識構造
決定論、自由意志の存在によって、内・外両境界は指定される。その上で局所性が存在しないことから、全ての境界は「もつれ」境界となっている。

の存在により、「わたし」の境界も「自己」の境界も存在しますが、局所性の不在のおかげで、境界はともに「もつれ」境界となるわけです（図7－7）。

タイプⅢにおいて、「わたし」は、脳内他者と区別できるものの、完全な分離ができません。その結果「わたし」は、脳内他者、すなわち無意識の活動を、知覚できないものの、存在を感じることになります。それが「境界」のもつれの意味するところです。「わたし」はわたしの外部について、明示的に知覚することは一切できないのですが、その存在に対する感性を持っているのです。

それは自己の境界についても同様です。自己の境界が「もつれ」型であるため、肉体を持った自己の外部に存在する現実の他人、に対しても、原理的に知覚できないものと知りながら、知覚できないもの自体を想定することができると考えられます。タイプⅢの意識構造は、そのような境界の在り方によって、他者・外部との繋がりを持ち得るのです。

タイプⅠと比較すると、知覚や認知が常に、内側である明示的文脈と、外側である非明示的文脈に分離されます。「わたし」に注目すると、内側とは「わたし」であり、外側とは、無意識になります。自己に注目すると、内側とは自己であり、外側とは、現実の外部環境になりますね。非明示的文脈は、全く知覚できず、その存在のみ感じられるものを意味する場合もあれば、逆に、知覚できるが無視されるもの、を意味する場合もあるでしょう。前者は、外部、他者を意味し、後者は、図と地の区別における地を意味するものです。

「もつれ」境界はそのような融通無碍な性格を持って、他者として見えない場合と、地として積極的に無視する場合と、両方が可能になると思われます。だからこそ、知覚され推論し思考するものに対し、図と地の区別が可能となって、当面必要のないものは無視することができるのです。

タイプⅠの意識は、まさにこの図と地の区別ができず、全てを前景化することでパニックに陥る。タイプⅢは、これに対してうまい調整ができてしまうのです。ただし、タイプⅠは、タイプⅢよりも他者への直観を持っている。タイプⅢは、うまく他人との距離感が取れる、処世術に長けた意識構造、ということができます。悪く言えば「空気を読む」のです。

「もつれ」型の境界だからこそ、タイプⅡで認められた、自己の中に明確な他者が認められる事態や、現実の他者とわたしの融合はありえない。「もつれ」型の境界は、他者を、「知覚できないが存在するもの」と見なすことができ、「知覚できた場合には、逆に適宜無視する」ことができるのです。つまり他者との付き合い方は、局所性の不在によって実現されていると考えられますが、他方、タイプⅢは決定論を満たし、計算しながら他者とうまく付き合う、いい意味でも悪い意味でも「社会的」意識だと言えるでしょう。それは一体、脳科学的には何を意味するのでしょうか。次節で考えてみます。

局所性不在の脳科学的意味

局所性が存在するとき、境界は、存在するか否かいずれかとなります。境界が存在するなら、それは、境界の向こう側とこちら側を明確に分離する、明示的境界となり、境界が存在しないなら、あちら側とこちら側の区別もなく、そこは一つの場所となります。

局所性が不在のとき、境界は曖昧なものとなり、向こう側とこちら側は区別されながらも完全に分離はされず、少なからず関係をもってしまいます。この局所性の不在が最も意味をもつ脳の機能に、ミラーニューロンがあると思われます。

ミラーニューロンは、当初、自分が行動するときにも、目の前の仲間が同じ行動をするときにも、同じように反応する神経細胞だと思われていました。[16] それは、マカクザルというサルで見つかりました。ミラーニューロンは、自分がジュースを飲んだとき、反応しますが、目の前の仲間がジュースを飲んだときにも反応する。ミラーニューロンにとって、目の前の仲間のサルも自分も同じだということです。

だから当初、ミラーニューロンは、社会性を創り出すための、他者への共感の基礎であり、他者の模倣を可能とするメカニズムと考えられました。その意味で、他者とのコミュニケーション能力の低い、自閉症スペクトラムには、ミラーニューロンの機能不全が関与しているのではないか、とも言われてきました。[17]

しかし、目の前の他者と自分が鏡像関係にあるように反応する、という表現自体に、そもそも問題がある気はしませんか。「わたし」がジュースを飲んでいる、ことと、目の前のあなたがジュースを飲んでいることは、何らかの意味で同じでしょう。何らかの意味で同じだから、ミラーニューロンは両者に反応した。しかし、この、「何らかの意味」というものは自明ではありません。「ジュースを飲んでいる」意味において同じだ、とすら簡単には言えないのです。

「わたし」は嬉しいと目尻が下がるのですが、ジュースを飲んだ時にはそこまで嬉しくもなく、目尻は下がりません。どちらかというと、ジュースに感じる酸味を我慢しているのです。目尻が下がるのは、ジュースではなく、むしろコーラなのです。対して目の前の「あなた」は、ジュースを飲みながら目尻を下げている。わたしから見ると、その目尻の下がり方は無上の喜びを表しているように見える。この意味で、わたしとあなたの「ジュースを飲んでいる」状態は同じではないのです。

少なくとも、「ジュースを飲んでいる」という行為において同じだ、と読者であるあなたは思うでしょうか。しかし行為として同じという判断も、コップの握り方の違い、嚥下の仕方、ストローの咥え方など、あなたとわたしの違いを無視しない限り、同じとは言えないのです。単なる行為としてすら、「ジュースを飲んでいる」限りにおいて同じだとは言えない、ということです。

このような同一性に関する困難に抗して、ミラーニューロンは「わたし」の行為と「あなた」の行為の両者に反応するということです。それは、厳密な同一性を定義し、例えば、「ジュースを飲んでいる」のジュースの種類が同じであれば、必ず同じと判断する、といった定義をし、これに従う、というものではないはずです。もしそうなら同一な現象は極めて稀となり、ミラーニューロンが活動することは殆ど無いからです。

ミラーニューロンの判断する「同じ」は、おそらく、極めてずさんで曖昧なのです。あなたがコーラではなくジュースを飲んでいる場合、目尻が下がっているというだけで、わたしのミラーニューロンは、これを「コーラを飲んでいる」と判断して活動する。つまり「コーラを飲んでいる」ことに反応しているというより、「何かを飲んで、無上の喜びを感じていること」において、ミラーニューロンは、わたしとあなたを同一視しているのです。

わたしとあなたの行為を同一視することは、「何かに関して」同じであるという、「何か」の基準を曖昧にしない限り不可能なのです。

私はずっとそう思ってきましたが、実際、そのような事実が最近、脳科学的に明らかになりつつあります。

ミラーニューロンは、「いま・ここ」で知覚されている行為が違っていても、その目的が同じなら活動すること、完結した行動よりむしろ未完結で曖昧な行為に対して活動すること、などがわかってきたのです。それはまさに、ミラーニューロンが「わたし」と「あなた」の同一性を、曖昧にずさんにしているからこそ可能だという本書の仮説に、整合的だと言えるでしょう。[18]

さらに、ミラーニューロンは、情動や、情動と行動の総合・予期などに関与していることが、明らかになってきたのです。[19]

曖昧な行為とは、その行為の同定が曖昧なことを意味します。例えば、「ジュースを飲む」という行為とは何かの定義を考えてみます。それは「ジュースをストローで吸い込む」ことでしょうか。そうではない。舌に載せて味わわないとだめでしょう。しかし喉越しも重要です。すると飲み込むまでを含むでしょう。しかしさらに、嚥下して味わいが感じられることを含めて、「ジュースを飲む」と考えるべきでしょう。さらに、味わいが浮かび、どのような情動が浮かび、その後どう思ったか、そういった以後の感覚までもが、「ジュースを飲む」に含まれてしまうでしょう。まさに、ミラーニューロンは、「ジュースを飲む」を、**どこかの水準で明確に切れない形で同定しているのです。**

ところが通常の科学、取りわけシステム論では、水準を分離して考えるのです。システム論では、情報処理と情報の伝達を明確に分離します。[20] その上で、対象を、様々な情報処理の部署と、部署間の情報伝達を担うリンクで構成された、ネットワークとして理解するのです。システム論に則して、あなたの「ジュースを飲む」行為を同定しようとすると、図7－8上段のように、行為自体の予測・同定と、その行為に関する評価（ジュースを飲んだことでもたらされる味、などの感覚）、さらに評価からもたらされる情動など、階層的情報処理の各階層は、分離されることになります。

つまりシステム論的理解とは、ミラーニューロンのしている同定とは、真逆の理解だと考えられます。それはここまで議論してきたように、タイプⅠやタイプⅡに認められる、情報処理のレベルを完全に融合するか、完全に分離するかのいずれかによる情報処理の方法と考えることができます（もちろんネットワーク化されたあとの情報処理は簡単な問題となりますが、タイプⅠでもタイプⅡでも「融合」というネットワーク化以前の操作が含まれ、それはシステム論では及ばない問題です）。

ミラーニューロンのしている同定は、図7－8下段に示すように、階層的情報処理の区別を「もつれ」型にするのです。これはまさに、タイプⅢにおける情報処理行為の特徴です。情報同定の水準を分離して、特定の水準だけで行為を同定することができないのです。その結果、「わたし」と「あなた」が同じことをしている、という判定は、曖昧でずさんなものになり、行為の同定に、情動や、行為の予期まで絡んでくるのです。


自閉症スペクトラムや統合失調症では、近年、ミラーニューロンの働きがやや弱いことがわかってきています[21]。それは、情報処理の境界を曖昧で両義的な「もつれ」型にすることが困難であることを意味するのではないでしょうか。脳の中の「わたし」と「他者」は分離されるか融合されるかのいずれかになり、様々な階層に波及するような情報処理は実現されにくくなる。境界に関する融通のなさが、ミラーニューロンの弱体化によって理解できることになります。タイプⅠ・ⅡとタイプⅢを区別するものは、ミラーニューロンの機能の強さで理解できる可能性がここに示唆されます。

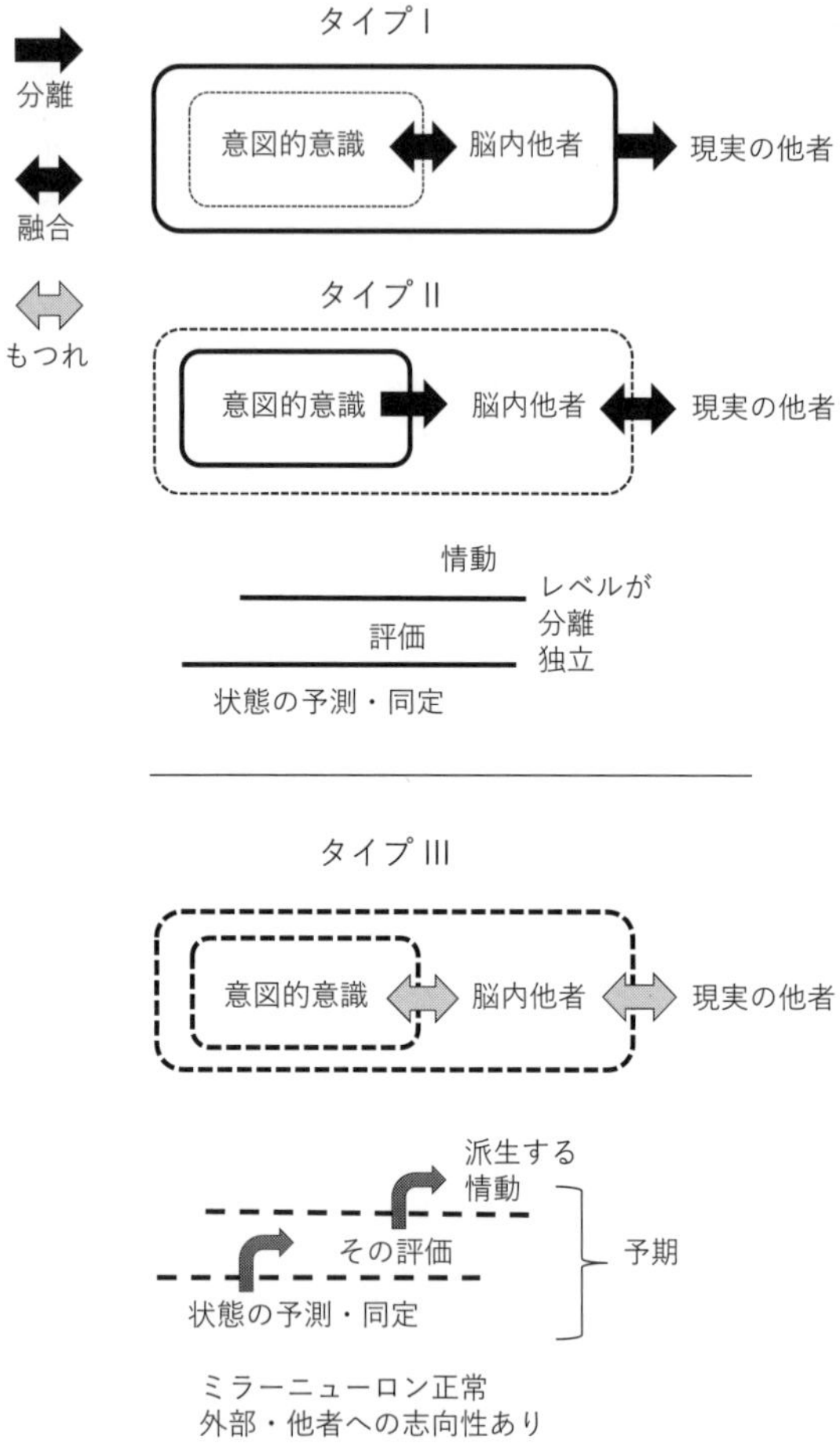

図7-8　タイプⅠ、Ⅱ及びⅢの意識構造とミラーニューロンの関係

或る神経の反応系とそのメタレベルの反応系の区別が明確でないこと（反応系の境界がもつれていること）がミラーニューロンの特徴と言える。その意味でミラーニューロンが正常に運動するタイプⅢと、そうではないタイプⅠ、Ⅱを区別できる。

操作的身体・所有的身体

わたしの身体イメージを理解する時、よく用いられる概念が、身体所有感と身体操作感です。[22]前者は、身体がわたしに属し、わたしのものであるという感覚、後者は、身体が運動する原因をわたし自身が作って動かしている、という感覚です。わたしのこの肉体は、わたしのものであるから、自由に動かせる。そう思うと、所有感と操作感は、元来表裏一体で、分離できない気がします。

しかしそんなことはありません。金縛りにあえば、私たちは、「この身体は自分のものなのに動かせない」と感じます。「こっくりさん」のようなゲームをすると、「自分の身体が勝手に動く」と感じます。これらは所有感のみ存在し、操作感が伴わない例です。逆に操作感のみ存在し、所有感が伴わない例もあるのです。[23]つまり操作感と所有感は、何らかの関係性を持ちながらも、或る程度独立なものと考えられます。[24]

近年、自閉症スペクトラムの人たちや、統合失調症の人たちを被験者にした身体所有感、操作感に関する認知実験が行われるようになっています。それらの実験結果は、タイプⅠ、Ⅱの特徴とも整合的と思われます。[25]

そこでまず、タイプⅠ、Ⅱ、Ⅲの特徴を用いて、操作身体、所有身体という概念を定義したいと思います。この概念は、身体操作感と身体所有感をもたらす身体は、異なるのではないかという直観から生まれました。身体に限らず、対象を操作しているという感覚は、対象の重心や骨組みなど、肉体の一部を運動させているという感覚で十分です。これに対して所有しているという感覚は、対象の可能性の全体に対する感覚でしょう。

封建時代の王が領民を操作していると思う場合、特定の行為のみに対してそう感じるわけですが、所有しているという感覚は、領民の使役、財産、人生の全体に対する感覚です。この意味で、操作対象は所有対象の一部と考えて良さそうで、身体に関しても同様だと思われます。

図7-9にタイプⅠ、Ⅱ、Ⅲの所有身体を灰色で示します。タイプⅠでは、所有身体が失われていることになります。基本的な三重のループは、内側の二つが図7-8と同じで、さらにその外側にあるのが、他者を含む外部環境ということになります。つまり、一番内側が意図的意識であり「わたし」、次が脳内他者（無意識）を含む肉体、最も外側に位置するのが現実の他者を含む外部環境ということになります。

最も内側に受動、次に能動と書かれているのは、意図的意識は脳内の酋長として、自らの能動性を主張する受動的存在であり、その外側の準備電位を含む脳内他者こそが、本来の能動的存在であるからです。

図7-9のタイプⅢは、二つの境界が共にもつれ型です。ここに重要な論点があります。それは、受動的である「わたし」が、「もつれ」型の境界によって、能動的である脳内他者と接しているが故

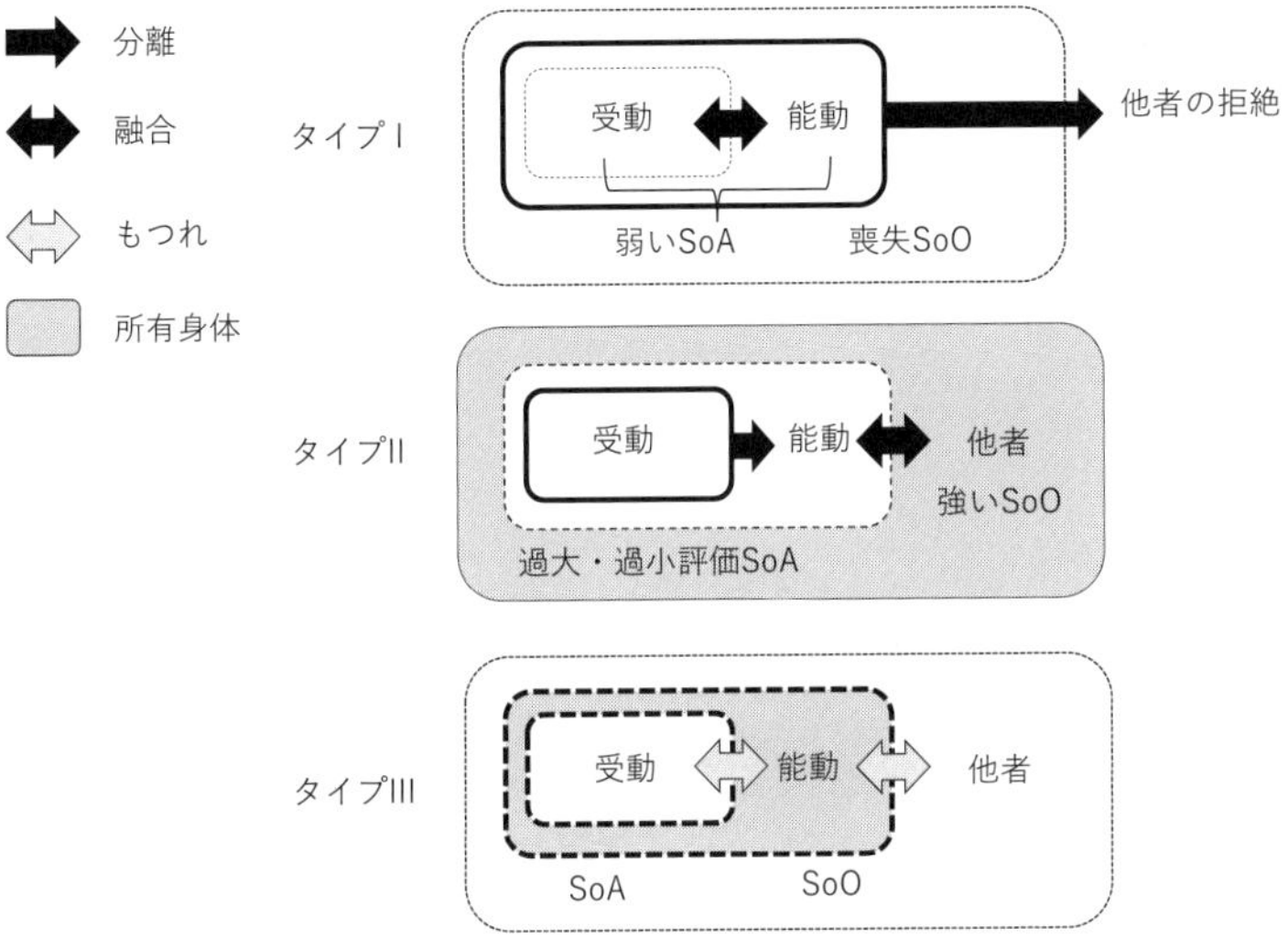

図7-9　タイプⅠ、Ⅱ、Ⅲの身体
上からタイプⅠ、タイプⅡ、タイプⅢの身体感覚。SoOは「身体所有感」、SoAは「身体操作感」を表す。

に、その能動性を略奪できるという論点です。[26]

受動的に駆動されているものは、自らが何かによってやらされているという感覚を持たないでしょう。端的に動くだけです。しかし「もつれ」型の境界は、自らの外部に存在する他者を、全く知覚できないにもかかわらず、感じることができる。「何か」が自分を動かしているかもしれない、という自らの受動性を感じることができるのです。

「わたし」はわたしの外部に「わたし」を動かしているだろう何者かを探すことになります。しかし、わたしの外部は、わたしにとって知覚不可能であるから外部なのです。だから、わたしは、その何者かを決して見つけることができない。すなわち、わたしを操っているはずの者は、「何者でもない」者なのです。

この「何者でもない」をうまく言い表す表現が、英語ならありますね。ノーバディです。わたしを動かすものはノーバディなのです。

ノーバディによって「わたし」は動かされる。こう言うとき、ノーバディが純粋な記号であることに注意が必要です。ここで言う純粋な記号とは、それ自体を指すという意味です。ノーバディは記号「ノーバディ」を指し、それ以外の具体的対象を指しているわけではない。

哲学的には、「お茶」が煎茶やほうじ茶など日本茶一般を指す、というように指示対象を限定することはできない、と考えます。[27] そのように決めてしまうと、「お茶」が休憩一般を指すような場合に、対処できない。このような例がいくらでも見つかるからです。

しかしここでは、記号は何らかのものを指し示す、と日常的に使う意味で、指し示しを許すとしましょう。その上でなお、「ノーバディ」は定義上、指示対象を持たないわけです。だから純粋な記号と言ったわけです。

純粋な記号だからこそ、どうとでも使える。純粋な記号は、何者をも指さないからこそ、何にでも使えるのです。ハサミは紙や布を切るものですが、機能が不明瞭なナイフは、より用途が広がります。単なる「棒」は、さらに何にでも使えます。機能が限定できないことで何にでも使える。純粋な記号とは、何者をも指し示さないからこそ、何者でも指し示し得るのです。

だから、「わたし」は「ノーバディ」の指示対象を略奪できるのです。わたしが「ノーバディ」たり得るのです。それが何を意味するかは、おわかりでしょう。わたしを動かすものが「ノーバディ」なのですから、わたし自身を動かす身体操作感を、「わたし」が持つことができるというわけです。徹底して受動的な「わたし」が、ノーバディの能動性を略奪する。それこそが、「わたし」の能動性だというわけです。

私は、受動的な「わたし」が能動性を発揮できる仕掛けは、これ以外にないのではないかと思います。(7)物質として個物化し、「おのずから」生を享けた「わたし」が、主体的に、能動的に、「みずから」世界に向けて働きかけるようになれる。「おのずから」から「みずから」への転換とも言うべき変革は、内と外の境界が「もつれ」ている以外に在りえない。

タイプⅢの意識においてのみ、「わたし」の能動性が可能となり、身体操作感が可能となる。無意識を含むわたしの身体とその外部の境界も「もつれ」たものですから、身体操作感と同じ理由で、世界から受動的に作られ、誰のものでもないわたしの身体が、「わたし」の身体となるのです。従って、他者を含む外部に対して「もつれ」境界を持つタイプⅢの意識は、「わたし」の身体であるという感覚、身体所有感を持ち得るのです。果たして、所有身体は、「この身体」となるのです。

「もつれ」ていない境界は、内と外を融合するか分離するかのいずれかになります。タイプⅠの場合、「わたし」と脳内他者を含む身体は融合し、その全体が成す自己は、外部と明確な境界を有します。つまりタイプⅠの意識において、受動が能動を略奪することはできませんから、身体操作感は微弱なものになり、明確な能動性を持たない自己が、裸で外部世界に立ち向かうことになるのです。自己の中に「わたし」と他者の分節がないが故に、「わたし」は能動性を失うと同時に、所有身体をも失うことになるのです。

タイプⅡの場合、逆に自己の中の「わたし」と他者（及び身体）は分離されますから、能動と受動の分離により、やはり能動の略奪は成立しません。その意味で、本来的な「わたし」の能動性は成立せず、身体操作感は、過大評価されるか、過小評価されるかいずれかになるでしょう。また、自己とその外部との区別を成す境界は、内と外を融合しますから、身体と世界は一体化します。所有身体は世界にまで拡張されるのです。

外界にいるはずの他者は、内と融合して具体的に対象化され、外部にいるが故に超越的実在とみなされるはずです。つまり「わたし」は、わたしの身体でもある世界に超越的実在＝神を持ち込むことになる。だから、世界でもある身体は、強い所有感を有することになるのです。これがタイプⅡに出現する所有身体です。

ではこの三つのタイプの意識と、天然知能はどのような関係にあるでしょう。最後にそれについて論じておきましょう。

天然知能と三つの意識

前章までなんども登場した、指定の軸と文脈の軸の接続という文脈で、トリレンマから導かれる三つの意識について述べることにします（図7－10）。

指定の軸は、原因と結果の因果関係を指定します。両者が一対一に対応し、原因と結果の関係が一直線に繋がるなら、それは決定論が成立していることを意味します。決定論の不在は、原因と結果のズレを意味します。

文脈の軸とは、特定の文脈を固定することと不定な文脈の無限の全体を端成分とし、「外部」との接続の可能性を示します。自由意志は、複数の文脈からの選択を意味しますから、固定した或る文脈から、別の文脈に向けて、逸脱することで表されます。

逆に、固定された文脈は、トリレンマにおける、自由意志の不在を意味します。選択の自由がないからです。ただし、タイプⅠで認められた、意識構造における自由意志の不在は、固定された文脈が脳の中の他者と分かち難く融合することを意味しました。したがって、外部の中の、極めて理念的な他者イメージが、固定された文脈としての「わたし」と結びつくことになります（図7－10における タイプIでは、この理念的他者が局所性を示す点線円の内側に実線円で描かれています）。

局所性の成立は、不用意な文脈（外部）が参入してこないことを意味します。逆に、局所性が不在であるとき、多様な、際限のない文脈がもたらされることになります。このとき、外部は指定の軸へ参与しようとします。

タイプIでは、自由意志の不在によって文脈が固定され、決定論が成立することで原因と結果は一致し、局所性が成立することで、不定な文脈の参与がないのです。しかし、外部であるところの核心を成す脳内他者は、不定で漠としたものではない理念的存在として、特定の文脈である「わたし」に融合しています。ここに前述した「向こう側」への強い直観があるのです。「もの」の向こう側は存在しないかもしれない「外部」であるという感覚は、ここにあるのです。

ここでは、原因と結果の一致をもって理解が成立します。文脈は一つですから、「或る文脈に焦点をあて、そこで理解し、他の文脈は無視する」ということができません。一つの文脈で、あらゆる判断をすることになります。その結果、食べ物か否か、食べ物の中のスイーツか否か、スイーツの中のチーズケーキか否か、といった階層的な文脈での判断が、同じ比重で迫り、パニックに陥る可能性が高いのです。

ただし、外部と融合した特定の文脈は、「外部」に対する直観を働かせますから、想定外の外部を呼び込もうとする志向性、他者とコミュニケーションを持とうとする欲求は他の意識構造より強いのです。外部を志向しながら能動的に知覚しようとする者が、タイプⅠなのです。

タイプⅡでは、自由意志の存在によって文脈の逸脱があり、決定論の不在によって原因と結果は一致せず、局所性の成立で不定な文脈は存在しないことになります。つまり、原因と結果の間は開くものの、肝心の際限の無さ（外部）はやってこないのです。タイプⅡの意識構造は、原因と結果のように、断片に分かれたままとなるのです。

自己はこうして常に、原因と結果や、意図と実現の一致を見ず、引き裂かれた状態にあるわけですが、それは、自己が変化し得る可能性を示すものです。壊れ、断片となりながらも、修復、変質し、変化を受け容れ続ける自己の可能性が（しかし、可能性に留まる者が）、タイプⅡなのです。

タイプⅢは、決定論を成立させながら、自由意志の存在によって文脈の逸脱が可能で、不定な文脈の参与が可能となります。しかし原因と結果が一致することで、その間に外部が招喚されることはない。タイプⅢは外部を感じることはできますが、これを受け容れる原因と結果の間のギャップがないのです。

タイプⅢの意識もまた、原因と結果を一致させることで理解を成立させますが、そのような計算の外部に、想定外の何かが蠢いていることは感じることができる。「知覚不可能であっても存在すること」への感性が、タイプⅢでは実現されるのです。下手をするとそれは、他人との距離感のバランスを取った処世術に堕すことになります。しかし、外部という存在を感じることができる自己は、タイプⅢなのです。タイプⅠの感じる「わたし」と融合した外部は、理念的で明確な「外部」です。それ

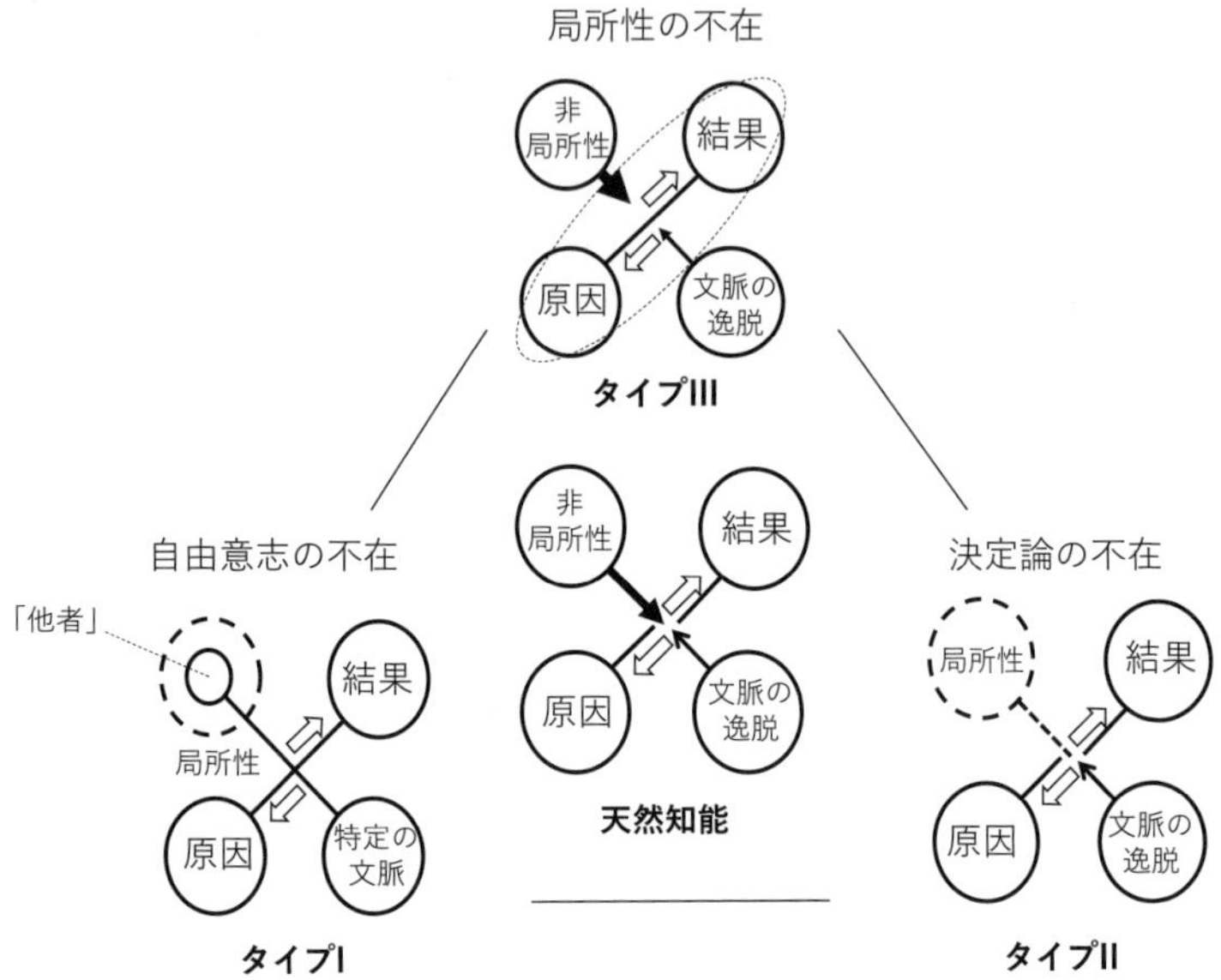

図7-10　天然知能と三つの意識
タイプⅠ（自由意志の不在）、タイプⅡ（決定論の不在）、タイプⅢ（局所性の不在）を端成分とする三項関係で理解される天然知能。原因と結果の一致は因果関係における決定論を意味する。

が何であるかはわからないにもかかわらず、境界は明確な外部。だからそれは、能動的に操作できる対象（「向こう側」知覚の場合には恐怖の対象）となる。対して、タイプⅢの感じる外部は、ただ受動的に待つしかない外部なのです。

果たして、いずれも人工知能とは異なる存在様式である、タイプⅠ、Ⅱ、Ⅲを端成分とする三項関係として、天然知能は理解されることになります（図7－10）。タイプⅠ、Ⅱ、Ⅲはトリレンマから導かれる、矛盾を回避した論理構造ですから、天然知能は、これらの複合的な構造として成立するのです。

タイプⅠは一つの文脈に固定されるため、全ての可能性を同時に見渡して決断を下しますから、与えられた環境で最適な判断を下すことも可能です。しかし同時にそれは不要な条件を無視できないという意味で、パニックに陥る恐れもあり、いいことにも悪いことにも開かれていると言えます。文脈の指定の仕方は、各々のタイプⅠの意識において様々ですから、平凡な我々が潜在的にやっている知覚、認知の様々なレベルが、各々のタイプⅠの意識で、裸で露わになると考えられます。視界にあって、通常無視される地が、図と同列で主張することで、形態や色彩の捉え方も、各々において独特な、裸の知覚を成すものとなるでしょう。

タイプⅠの有する、想定外の影のような存在（外部）への認識が困難であることと、他者を理念的には知っており、他者への強い志向を持っていることとの両義性は、他人とのコミュニケーションにおける困難を示唆します。自閉症スペクトラムの人たちの生きにくさも、これに近いものかもしれません。しかし、他者への強い志向は、天然知能にとっての必須条件なのです。

タイプⅡは原因と結果を一致させることはありませんが、そのギャップに、様々な想定外のものが招喚されることもないのです。局所性が成立することによって、決定論の破綻は、否定的意味合いを強く示すものとなるでしょう。タイプⅡは前述のように、統合失調症の人たちの特徴に親和的ですが、原因と結果のギャップに、外部が流れ込んでくるとき、それは極めて強力な、創造性を意味するものとなるでしょう。

タイプⅡの意識は、局所性が少しでも壊れることで、天然知能への路が開かれることになるのです。

タイプⅢは、平凡な我々に最も親和的な意識構造と考えられます。決定論は破綻しておらず、常識的な原因と結果の一致、問題と解決の一致によって、日常的理解をやり過ごします。しかし局所性の不在によって、外部を予期しています。知覚していなくとも、外部の存在を感じてはいるのです。純粋なタイプⅢに留まる限り、外部は招喚されず、折角外部に対する感性はあっても、それが創造力として発揮されることはないでしょう。そして多くの場合、平凡な我々は「外部」のような厄介なものを、できるだけ敬遠しようとさえ思っているのです。

天然知能は、タイプⅠ、Ⅱ、Ⅲの中間形態であり、図7－10の三項関係内を自由に動き回る意識形態だということができるのです。タイプⅢにおいて、知覚できないが存在する外部を感じることができ、タイプⅠにおいて、外部をより能動的に志向することができ、タイプⅡにおいて、自己を絶えず破断し修正し変革し続けることができる。

それは、タイプⅠ、Ⅱ、Ⅲのいずれもが、タイプⅢのような意味での「普通」として生きるのではなく、天然知能として生き得ることを示してもいるのです。

8

ふったち猫

――ダサカッコワルイ天然知能

猫であり、猫ではない

猫も齢二十ともなると、他の猫の尊敬を集め、幼い猫はその庇護を求めるようになります。人間はそのような猫を、妖怪・もののけの類とみなし、猫又だとか、「ふったち」だとかと言い、やはり畏敬の念を込めるようです。[1]

ふったち猫は、模様も若い健康な猫のものとは異なります。壮年の頃、縞模様だった、私のよく知っている「ふったち猫」は、明快な黒と灰色の縞の対比が消え、その寝姿は、灰色の枯葉や羽を混ぜた、大きな団子のようにすら見えました。

以前飼っていた「たぼ」という猫は一歳の頃から両手で引き戸を開け、棒を投げると咥えて戻ってきました。外に遊びに行った他の猫が帰ってくると、窓にその影を見つけ、走っていって窓を開けてやっていました。おそらく生まれながらに「ふったって」いたのかもしれません。

さて私たちは、どのようにして、目の前の猫が猫であると判断するのでしょうか。何か猫の見本のようなもの、猫の定義があって、これを満たしているかどうか、判断しているとしましょう。確かに、猫とは何かを、様々な形で教えられてきて、その定義に従って、目の前の動物が猫か否か判断していると思われます。

それは猫一般について定義が与えられ、その具体例として目の前の特殊な猫が存在し、両者を比較し、対応関係を決めることを意味します。例えば、猫一般の尾の定義は「短いもの、長いものなど」となり、目の前の猫の尾がその一つ、「短い」となれば、目の前の猫は、猫一般の定義の一部を成す、猫・特殊ということになります。

猫は、様々な定義を持ちますが、中でもその毛皮の模様においては、茶トラ、白黒、三毛、サバ、サビなどがあります。黒と灰色の縞はサバ猫と呼ばれますが、そのコントラストは鮮明で、海産のサバの模様を思わせます。

この限りで、私のよく知っている「ふったった猫」は、猫の定義をほとんど満たし「猫である」ことを示しながら、しかし同時に、その縞はサバ猫の縞模様の定義を満たしていないのです。私は、この曖昧な縞模様に関しては無視を決め込み、このふったった猫が猫であると判断します。

この判断は、明らかに、模様の細部において「猫でない」ことを認めたことで、これに関して無視し、その結果「猫である」という判断が優ったことによる結論だと言っていいでしょう。無視された部分を露わにすると、「ふったった猫」は、猫であることと猫でないことを同時に満たしている、ということになります。

判断に関する肯定（猫である）と否定（猫でない）が同時に成立することで、「猫である」ことが実現されているのです。それはしかし、無理からぬことです。何しろ、定義の猫は、抽象的で理念的な概念にすぎませんが、これと比べると目の前の猫は、定義を満たさない可能性がいくらでも見つかる、現実の猫なのです。

だから、定義に従って、猫か否かを判断するとき、現実のいかなる猫も、「猫である」ことと「猫でない」ことを同時に有し、「猫でない」部分を無視することで「猫である」と判断されるか、「猫である」部分を無視することで「猫でない」と判断されるか、いずれかの判断に晒されることになるのです。

もし、「猫である」ことと「猫でない」ことが同時に成立するなら、これは端的な矛盾を意味します。しかし私たちは、多くの場合、矛盾になど遭遇していません。これはどういうことでしょう。ここでも、問題としての目の前の猫と、解決としての定義の猫の関係が、一般・特殊によって繋がることがなく、破綻し、その間に、様々な可能的模様の在り方が押し寄せ、理解の幅を広げる、天然知能が出現しているのです。だからこそ、「灰色の枯葉や羽を混ぜた、大きな団子」のような模様の塊すら、猫とみなされるのであり、長寿の猫には「ふったち」が認められる。

猫であることを認めるには、無視される「猫でない」部分と「猫である」部分を共に認めることになる。これは、あらゆる現実の猫を、猫とみなす時に現れる判断です。しかし、一般の猫の場合、「猫である」と「猫でない」の共立は隠蔽されます。
「ふったち」にあって初めて、「猫である」と「猫でない」が前面化し、猫でない何かでもあり得る、と思われることになる。それが、妖怪・もののけの類を想起させるのです。ふったちこそ、天然知能の典型なのです。

ふったつのは猫ばかりではない

果たして、本書の冒頭で述べた「ダサカッコワルイ」[2]の意味は、天然知能の図式において、今や明確になったことでしょう。これを図8－1に示しておきます。

天然知能の図式において、右上から左下に続く「指定の軸」を意図と実現で取ります。指定の軸は、問題と解答や、原因と結果など、様々なものを取ってきましたね。ここでは「わたし」が何らかの表現をする場合を想定し、意図と実現にとっているのです[3]。

製作するにせよ、行為するにせよ、プランを立て（意図）実際にやってみることになります（実現）。これが予定通りに、意図した通りに実現すれば、その隙のなさが「かっこいい」を示すことになります。一切の外部は関与しません。おしゃれで「かっこいい」とは、要するに、意図と実現が一致する、想定内の文脈から一歩も出ない様式なのです。

「かっこワルイ」は「かっこいい」の否定ですから、意図と実現が一致しないことを意味します。外部の関与もなく、ただ思った通りにできない。端的な失敗ですから、そりゃただかっこワルイだけなのです。

「ダサい」は、一方的な外部の参与です。意図も実現も、何をしようとするのか不分明なまま、外部

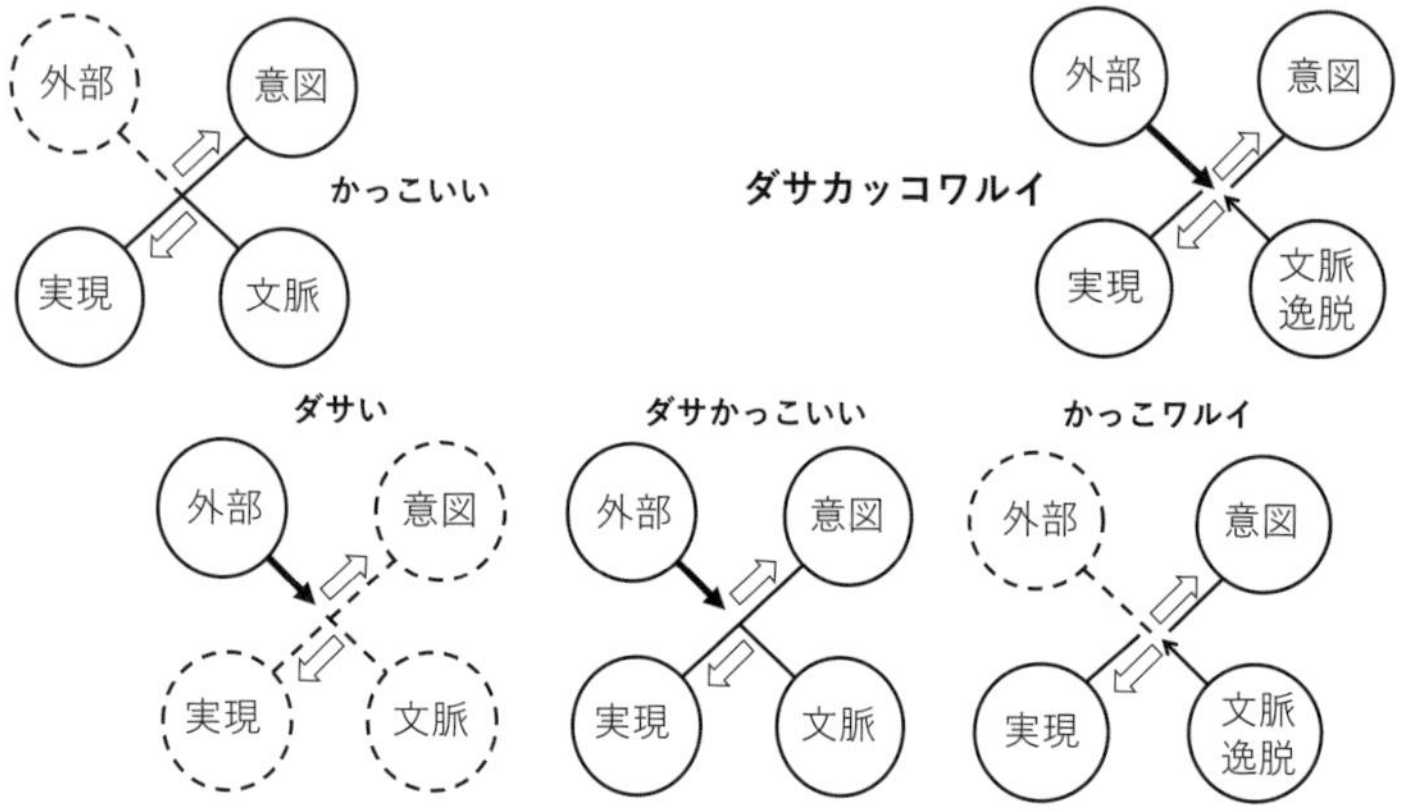

図8-1　ダサカッコワルイ天然知能
天然知能の図式に認められる「かっこいい」「ダサい」「ダサかっこいい」「かっこワルイ」そして「ダサカッコワルイ」。

の影響だけ、無際限に様々なものだけがやってくる。これを個人でやると、単にノイズや混乱を呼び込むだけの、悪い意味での「賑やかし」に過ぎないように思える。それはいかにも「ダサい」というわけです。

最近色々話題の、「ダサかっこいい」は、やはり、おしゃれでかっこいいものなのです。かっこいいのですから意図と実現は一致してしまう。だから、やってくる外部は、意図と実現の関係を変えるものではなく、「かっこいい」を多少修飾し、変奏するものに過ぎないのです。「ダサカッコワルイ」は、かっこワルイことで意図と実現の間にギャップを開き、ダサいことで無際限な外部を呼び込み、意図と実現の間を開きながら閉じ、閉じながら開くのです。自由意志・決定論・局所性の文脈で述べるなら、「ダサカッコワルイ」は、文脈を逸脱することで（逸脱は以前の指定を前提にします）自由意志を開設し、決定論の存在と不在の間を不断に運動することで決定論を宙吊りにし、その運動の原因となる無際限に異質な外部を、局所性の不在によって招喚するのです。それが天然知能の性格なのです。

「ふったつ」のは猫ばかりではありません。我々もまた、いずれふったちます。ふったちは、基本的に外部の異質なものを、ただ徹底して受け容れることです。あなたは、ここで述べた説明では、それは「ダサい」なのではないか、とも思われるでしょうか。しかし、いかなる存在も、「この場所」で局在化し形を成し存在するのです。その限りで意図と実現の対応関係は、存在において開設される。だから、異質なものをただ受け容れることは、すでに「ダサカッコワルイ」のです。

年齢的にふったってからわかっても、少し遅い。異質なものを受け容れ続けることにしか、外部に開かれる術はないのです。若いあなたもまた、ふったち、天然知能を全開にするなら、比較して評価するしかない世界とは、違うものが見えてくるに違いないのです。

人工知能の発達によって、定量化し評価し比較する能力主義が全面化する今だからこそ、天然知能は意味を持つのです。

おわりに

本書は完成までに二転、三転し、ようやく、しかし書いてみると夏休みの間に、一気に書きあがったものです。「天然知能」という概念はもう何年も温めていて、書名は二年以上前に確定していました。しかし、その名のもとに何を展開するか、それが変転したというわけです。

質的な違いを全て量に置き換え、計算することで意識や生命を理解する。そのようなアプローチでは決して辿り着けない存在様式が、現実にある。そう言ってしまうと、現実の生命や意識は、逃げ水のように認識の彼岸に逃げていくだけです。量的な評価・計算主義に対抗する概念として、何か積極的に定義すべきだろう。こうして構想されたものが「天然知能」でした。

講談社の方からは、多様な動物の行動やら実験やらをモチーフに、話を進めてほしい、と言われていたのですが、私は動物話にうんざりしているところがありました。かわいい、面白い動物の話をし、フィールドワークで野人のように生活しながら、議論は科学的にしっかりとする。しかしその科学的というものが、行動の価値を計算し、環境における最適解を見つける経済の論理に限定されるとあって、多くの動物話は、大人のダブルスタンダードだと思っていたのです。

そうかと思うと「動物には動物の世界」的なところでの、こころや意識の話。これも肥大化した自意識の延長である、人工知能とむしろ同じ発想だと思ったのです。したがって、本書では、動物の話を一人称や人工知能の文脈では扱わず、別の見方を示したかったのです。

それでも、天然知能としての意識や「このわたし」について論じようとすると、既存の意識の科学や哲学、人工知能を踏まえることになり、どうしてもそれらを長々と説明してから、それを否定するという形式をとります。当初は、主観的意識の三人称化の可能性、汎心主義や汎質主義を経由した中立一元論の徹底から、天然知能へ至る道を、書いてみたのですが、天然知能はいつ出てくるのだ、という体裁で進んでしまったのです。

三分の二ほど書き上がったところで、前半部を、編集の今岡雅依子氏に送ったのですが、大変厳しいコメントをいただき、ほとんど全面改稿しないといけない事態になりました。できるだけ多くの人に読んでもらうために、ということで納得できるものでしたが、途方に暮れてしまいました。

今岡氏には以前から単行本の編集を担当していただいており、細かく読んで内容にもコメントを出していただける、大変信頼できる編集者です。だからこそ、コメントは無視できるものではありませんが、なんとか小さな修正で済ませられないかと悩みました。

そこで、やはり同じ夏、共著で芸術に関する書籍を準備していた、日本画家の中村恭子氏にも原稿を読んでいただきました。すると今岡氏と、ほぼ同じ箇所で同じコメントをつけられ、基本的に否定の繰り返しで疲れてしまう、と言われたのです。

天然知能という概念は、重要なもので、自分で色々考える人なら誰でも理解可能なものだろう。予備知識はなくても、考えているすべての人、都会で働いて疲れている人、田舎で稲を作りながら考えている人、そういった人に向けられるように、予備知識がなくても、その人たちの頭に届く本にすべきだ。そう言われたのです。

二人の方から、全く同じコメントを受けたとあっては、呑気に途方に暮れている場合ではない。そう思って、天然知能を全面化し、天然知能とは何か、天然知能ならどうするか、という展開を、できるだけわかりやすく書くことにしたのです。

それが本当にうまくいったのか否かは、読者のみなさんに判断していただくしかありませんが、今までの自分の書物より、格段に読みやすい、しかし概念は簡単ではない、ものになっていると思います。今岡氏と中村氏のお二人には本当に感謝しております。

こうしてほぼ全面改稿の形で、本書は一気に書きあげられたのですが、最後にあった三つの意識の代数的構造という章は、どうしてもわかりにくいので削れということで削除しました。これは残念だった反面、色々と納得できるものでもありました。

また、天然知能の底力を、本書以前に博報堂の雑誌『広告』で、編集長の木原龍太郎氏が打ち出していたことを言っておきます。木原氏の編集長就任で『広告』はまさに天然知能の雑誌へと変わったものでした。

途中述べた、中村氏との共著である『TANKURI——創造性を撃つ』(水声社)は、本書と同時期に著したもので、中村氏の日本画を題材としながら、芸術とは何か、創造性とは何かを論じたものです。本書が店頭に並ぶ時には、すでに刊行されているでしょう。そこでは、創造すること、作品それ自体を天然知能として解読し、その方法論と実装(作品化)を論じたものです。本書と併せて読んでいただければ望外の喜びです。

二〇一八年十月十七日

郡司ペギオ幸夫

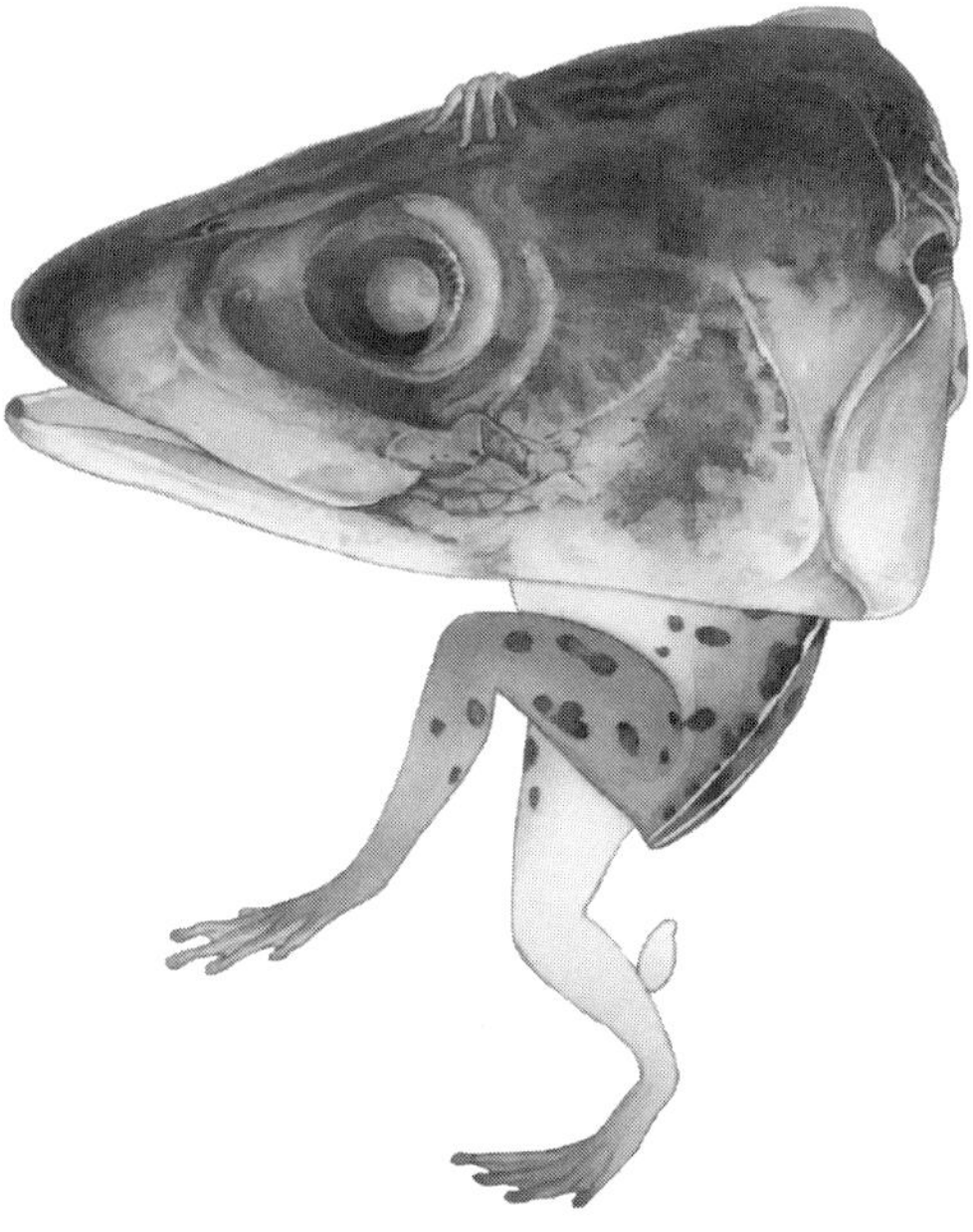

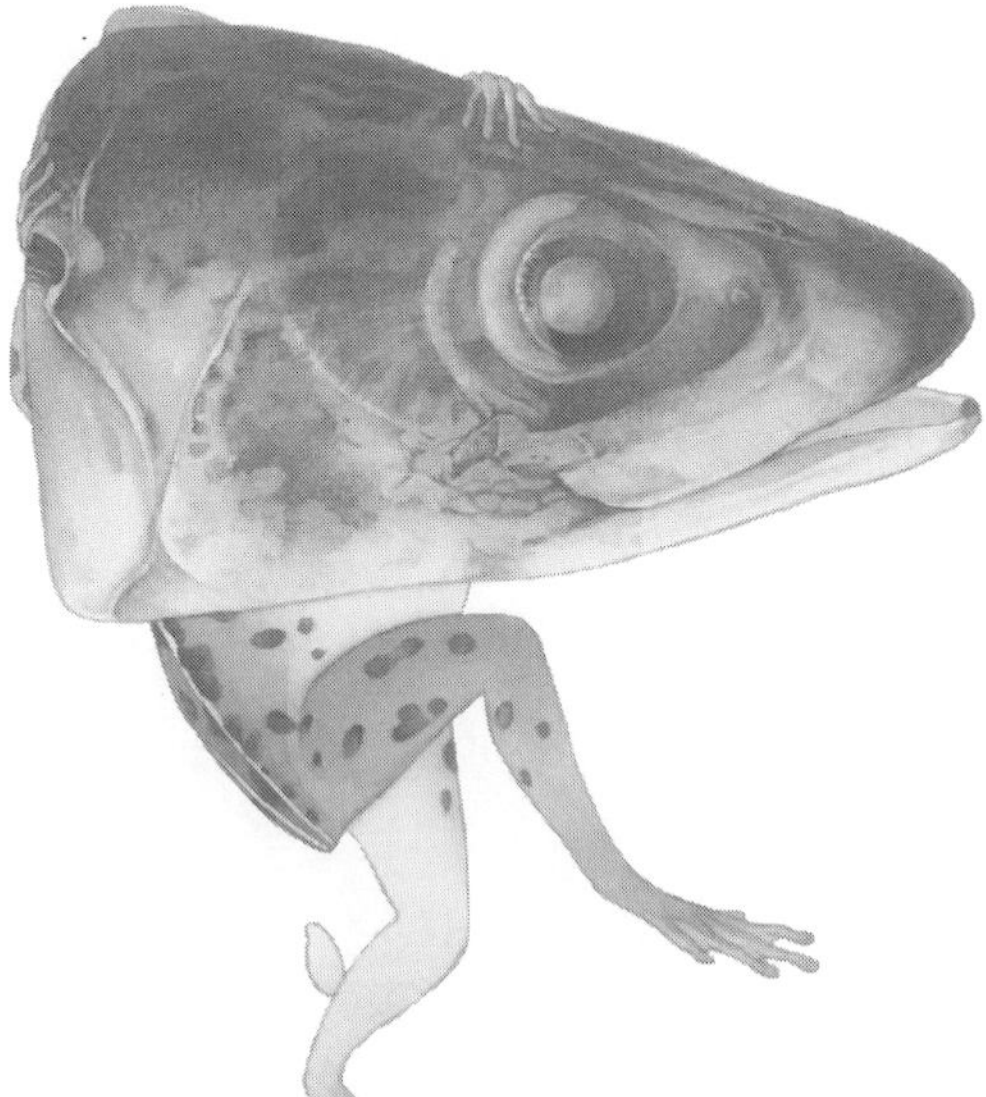

awareness of action in schizophrenia: a specific deficit in predicting action consequences. *Brain,* 133, 3104-3112.
26 受動者による能動性の略奪はGunji YP, Minoura M, Kojima K and Horry Y. (2017) Free will in Bayesian and inverse Bayesian inference-driven endo-consciousness. *Progress in Biophysics and Molecular Biology,* 131: 312-324でも言及している。
27 ソール・A・クリプキ（1972/1985）『名指しと必然性――様相の形而上学と心身問題』八木沢敬、野家啓一訳、産業図書。

8 ふったち猫

1 花輪和一（2013）「猫の経立」『みずほ草紙１』所収、小学館。
2 日仏哲学会プレイベント企画「見果てぬ哲学」第二部（2018年9月7日）の講演、郡司ペギオ幸夫「天然知能――知覚できないものの存在を直観する知性」の席上、株式会社「わたしは」代表取締役である竹之内大輔氏に天然知能とは何かを問われ、「ダサカッコワルイということです」と答えると、竹之内氏は「それですべてわかりました」と応答した。
3 中村恭子、郡司ペギオ幸夫（2018）『TANKURI――創造性を撃つ』水声社。

14 Jardri R, Delevoye-Turrell Y, Lucas B, Pins D, Bulot V, Delmaire C, Thomas P, Delion P and Goeb J-L (2009) Clinical practice of rTMS reveals a functional dissociation between agency and hallucinations in schizophrenia. *Neuropsychologia,* 47: 132-138.

15 Blakemore S-J, Wolpert DM and Frith CD (1998) Central cancellation of self-produced tickle sensation. *Nature Neuroscience,* 1: 635-640.

16 Gallese V, Fadiga L, Fogassi L and Rizzolatti G (1996) Action recognition in the premotor cortex. *Brain,* 119: 593-609; Gallese V (2003) The roots of empathy: the shared manifold hypothesis and the neural basis of intersubjectivity. *Psychopathology,* 36, 171-180.

17 Bonini L, Ferrari PF and Fogassi L (2013) Neurophysiological bases underlying the organization of intentional actions and the understanding of others' intention. *Conscious. Cogn.,* 22: 1095-1104.

18 Ocampo B and Kritikos A (2011) Interpreting actions: the goal behind mirror neuron function. *Brain Res. Rev.,* 67: 260-267.

19 Kaplan JT and Iacoboni M (2006) Getting a grip on other minds: mirror neurons, intention understanding, and cognitive empathy. *Soc. Neurosci.,* 1: 175-183.

20 Wiener N (1948) *Cybernetics or Control and Communication in the Animal and the Machine.* MIT Press.

21 Thakkar KN, Peterman JS and Park S (2014) Altered brain activation during action imitation and observation in schizophrenia: a translational approach to investigating social dysfunction in schizophrenia. *Am. J. Psychiatry,* 171: 539-548.

22 Gallagher S (2000) Philosophical conceptions of the self: implications for cognitive science. *Trends Cogn. Sci.,* 4: 14-21; Tsakiris M, Prabhu G and Haggard P (2006) Having a body versus moving your body: how agency structures body-ownership. *Conscious. Cogn.,* 15: 423-432; Synofzik M, Vosgerau G and Newen A (2008) Beyond the comparator model: a multifactorial two-step account of agency. *Conscious. Cogn.,* 17: 219-239.

23 Nishiyama Y, Tatsumi S, Nomura S and Gunji YP (2015) My hand is not my own! Experimental elicitation of body disownership. *Psychology and Neuroscience,* 8(4): 425-434.

24 Kalckert A and Ehrsson HH (2012) Moving a rubber hand that feels like your own: a dissociation of ownership and agency. *Frontiers in Human Neuroscience.* https://dx.doi.org/10.3389/fnhum.2012.00040.

25 Voss M, Moore JW, Hauser M, Gallinat J, Heinz A and Haggard P (2010) Altered

7 ライオン

1 クロソウスキー（1969）『わが隣人サド』豊崎光一訳、晶文社。本書によれば、マルキ・ド・サドは、能動的な「主体」の実在を馬鹿げたものと考え、それが肉体の中で宙吊りになっていると論じていた。

2 ベンジャミン・リベット（2005）『マインド・タイム――脳と意識の時間』下條信輔訳、岩波書店、は準備電位の活動について詳細な説明を与えている。

3 Conway J and Kochen S (2006) The free will theorem. *Foundations of Physics,* 36(10): 1441-1473.

4 Susskind L and Friedman A (2015) *Quantum Mechanics: The Theoretical Minimum.* Penguin Books.

5 マイケル・ダメット（1986）『真理という謎』藤田晋吾訳、勁草書房。

6 この一般的な非局所性こそ、内部観測の定義と考えてよろしい。

7 本節の内容は主として、Gunji YP and Nakamura K (2019) Dancing chief in the brain or consciousness as an entanglement. *Foundations of Science*（印刷中）で発表されている。

8 西井凉子（2013）『情動のエスノグラフィ――南タイの村で感じる＊つながる＊生きる』京都大学学術出版会。

9 Pockett S, Banks WP, Gallagher S, eds. (2006) *Does Consciousness Cause Behavior?* The MIT Press; スタニスラス・ドゥアンヌ（2015）『意識と脳――思考はいかにコード化されるか』高橋洋訳、紀伊國屋書店。

10 内海健（2015）『自閉症スペクトラムの精神病理――星をつぐ人たちのために』医学書院；ドナ・ウィリアムズ（2000）『自閉症だったわたしへ』河野万里子訳、新潮文庫。

11 Hommes J, Krabbendam L, Versmissen D, Kircher T, van Os J and van Winkel R (2012) Self-monitoring as a familial vulnerability marker for psychosis: an analysis of patients, unaffected siblings and healthy controls. *Psychol. Med.,* 42: 235-245.

12 Frith C (2005) The neural basis of hallucinations and delusions. *C. R. Biol.,* 328: 169-175.

13 Corbera S, Wexler BE, Ikezawa S and Bell MD (2013) Factor structure of social cognition in schizophrenia: is empathy preserved? *Schizophr. Res. Treatment,* 2013, 409205; Decety J and Lamm C (2009) Empathy versus personal distress: recent evidence from social neuroscience. in: Decety J and Ickes W, eds. *The Social Neuroscience of Empathy.* MIT Press, 199-213.

集団の秩序』PHPサイエンス・ワールド新書。
12 Gunji YP, Shinohara S, Haruna T and Basios V (2017) Inverse Bayesian inference as a key of consciousness featuring a macroscopic quantum logical structure. *BioSystems,* 152: 44-63.
13 逆ベイズを用いた群れのモデルについてはGunji YP, Murakami H, Tomaru T and Basios V (2018) Inverse Bayesian inference in swarming behaviour of soldier crabs. *Phil. Trans. R. Soc. A,* 376 : 20170370. http://dx.doi.org/10.1098/rsta.2017.0370

6 ヤマトシジミ

1 知覚されたものは実在するという素朴実在論への批判は、郡司ペギオ幸夫(2004)『原生計算と存在論的観測』の中心テーマだった。それは相関主義批判に他ならない。
2 エドムント・フッサール（1950/2000）『現象学の理念』立松弘孝訳、みすず書房。
3 カント（1781, 1787/1961-62）『純粋理性批判』篠田英雄訳、岩波文庫。
4 ユクスキュル／クリサート（1934/2005）『生物から見た世界』日高敏隆、羽田節子訳、岩波文庫。
5 マーヴィン・ミンスキー（1990）『心の社会』安西祐一郎訳、産業図書。
6 アンディ・クラーク（2015）『生まれながらのサイボーグ――心・テクノロジー・知能の未来』呉羽真ほか訳、春秋社。
7 カンタン・メイヤスー（2016）『有限性の後で――偶然性の必然性についての試論』千葉雅也ほか訳、人文書院。
8 ジル・ドゥルーズ（1992）『差異と反復』財津理訳、河出書房新社。
9 アンリ・ベルクソン（1896/2011）『物質と記憶』（新訳ベルクソン全集2）竹内信夫訳、白水社。
10 郡司ペギオ幸夫（2006）『生命理論』哲学書房。
11 DeLanda M (2002) *Intensive Science and Virtual Philosophy.* Continuum International Publishing Company.
12 マルクス・ガブリエル（2018）『なぜ世界は存在しないのか』清水一浩訳、講談社選書メチエ。
13 対角線論法のエッセンスについては、野矢茂樹（1998）『無限論の教室』講談社現代新書、参照。
14 グレアム・ハーマン（2017）『四方対象――オブジェクト指向存在論入門』岡嶋隆佑ほか訳、人文書院。
15 ライプニッツ（1714/1951）『単子論』河野与一訳、岩波文庫。

(1985) *Theoretical Biology and Complexity: Three Essays on the Natural Philosophy of Complex Systems.* Academic Pressがある。Rosenは目的因を複雑系の中に包摂すべきだと唱えましたが、成功していません。

6 Wolfram S (1984) Universality and complexity in cellular automata, *Physica D,* 10: 1-35; Wolfram S (2002) *A New Kind of Science,* Wolfram Media Inc.

7 Kauffman SA and Johnsen S (1991) Coevolution to the edge of chaos: Coupled fitness landscapes, poised states, and coevolutionary avalanches. *J. Theor. Biol,* 149: 467-505.

8 Langton CG (1990) Computation at the edge of chaos: Phase transitions and emergent computation. *Physica D,* 42; 12-37.

9 笛がない場合の非同期オートマトンについては以下を参照。Gunji YP (2014) Self-organized Criticality in Asynchronously Tuned Elementary Cellular Automata. *Complex Systems,* 23, 55-69; Gunji YP (2014) Extended Self-organized Criticality in Asynchronously Tuned Cellular Automata. in: Nicolis G and Basios V, eds. *Chaos, Information Processing and Paradoxical Games.* World Scientific.

10 非同期CAの臨界性と計算能力については現在、浦上大輔氏が調べている。Uragami D and Gunji YP (2018) Universal emergence of 1/*f* in asynchronously tuned elementary cellular automata. *Complex Systems* (in press) など。

11 群れの内部予期モデルはGunji YP, Murakami H, Niizato T, Adamatzky A, Nishiyama Y, Enomoto K, Toda M, Moriyama T, Matsui T and Iizuka K (2011) Embodied swarming based on back propagation through time shows water-crossing, hourglass and logic-gate behaviors. in: Lenaerts T. et al. eds. *Advances in Artificial Life,* 294-301; Gunji YP, Nishiyama Y and Adamatzky A (2011) Robust soldier crab ball gate. *Complex Systems,* 20, 94-104; Gunji YP, Murakami H, Niizato T, Sonoda K and Adamatzky A (2012) Passively active-actively passive: Mutual anticipation in a communicative swarm. in: Simeonov PL, Smith LS and Ehresmann AC, eds. *Integral Biomathics: Tracing the Road to Reality.* Springer, 169-180でモデルを構築したのち、Murakami H, Tomaru T, Nishiyama Y, Moriyama T, Niizato T and Gunji YP (2014) Emergent runaway into an avoidance area in a swarm of soldier crabs. *PLoS ONE,* 9(5): e97870, doi:10.1371/journal.pone.0097870; Murakami H, Niizato T, Tomaru T, Nishiyama Y and Gunji YP (2015) Inherent noise appears as a Lévy walk in fish schools. *Scientific Report,* 5: 10605; Murakami H, Niizato T and Gunji YP (2017) Emergence of a coherent and cohesive swarm based on mutual anticipation. *Scientific Reports,* 7: 46447などで現実の群れを解析しモデルの妥当性を検証している。日本語のまとめとして、郡司ペギオ幸夫（2013）『群れは意識をもつ――個の自由と

424.
8　Turing AM (1950) Computing machinery and intelligence, *Mind*, 59(236), 433-460.
9　ジョン・R・サール（2006）『マインド――心の哲学』山本貴光、吉川浩満訳、朝日出版社。

4　カブトムシ

1　細胞内の生体分子間相互作用も含めて計算として理解しようとすると、計算とは言い難いものまで計算の範疇に入っている。Zauner K-P and Conrad M (2001) Enzymatic computing. *Biotechnol. Prog.*, 17:553-559.
2　Chalmers DJ (2007) Naturalistic dualism. in: Velmans M and Schneider S, eds. *The Blackwell Companion to Consciousness.* Blackwell Pub Ltd, 359-368.
3　アンリ・ベルクソン（1896/2011）『物質と記憶』（新訳ベルクソン全集2）、竹内信夫訳、白水社。
4　マルティン・ハイデガー（1927/1994）『存在と時間』細谷貞雄訳、ちくま学芸文庫。
5　W・ブランケンブルク（1978）『自明性の喪失――分裂病の現象学』木村敏ほか訳、みすず書房。
6　Chalmers DJ (2013) Panpsychism and Panprotopsychism, in: Alter T and Nagasawa Y, eds. *Consciousness in the Physical World: Perspectives on Russellian Monism,* Oxford University Press.

5　オオウツボカズラ

1　適応戦略という概念は、生物を経済の論理で論じる基礎を成している。それはゲーム理論の導入で決定的となったと言えるだろう。例えば、Maynard Smith J (1982) *Evolution and the Theory of Games.* Cambridge University Press.
2　Greenwood M, Clarke C, Lee CC, Gunsalam A and Clarke RH (2011) A Unique Resource Mutualism between the Giant Bornean Pitcher Plant, Nepenthes rajah, and Members of a Small Mammal Community. *PLoS ONE* 6(6): e21114.
3　戦略の単位を設定した途端、適応以前の概念が問題となる。例えば、前適応の問題などがそれだ。Gould SJ and Vrba ES (1982) Exaptation: a missing term in the science of form. *Paleobiology,* 8(1): 4-15. この意味で前適応は擬似問題である。
4　Ganter B and Wille R (1999) *Formal Concept Analysis, Mathematical Foundations.* Springer.
5　アリストテレスの四要因を複雑系の科学として構想したものにRosen R

にみるようにクオリアさえ情報理論で表現できると考える。
6 統合情報量を用いて意識を外部から把握しようと試みる情報理論。Tononi G (2008) Consciousness as integrated information: a provisional manifesto. *Biol. Bull.*, 215(3): 216-242.
7 コーエン兄弟監督（2007）『ノーカントリー』。
8 クエンティン・タランティーノ監督（1994）『パルプ・フィクション』。
9 メキシコ系アメリカ人の俳優。https://www.imdb.com/name/nm0001803/
10 Tononi G (2004) An information integration theory of consciousness. *BMC Neuroscience,* 5, 42, doi:10.1186/1471-2202-5-42.
11 郡司ペギオ幸夫（2004）『原生計算と存在論的観測——生命と時間、そして原生』東京大学出版会、の中で「うどんかラーメンか、迷った挙句、帰って寝る」という議論を展開している。なお、この本は『現代思想』誌に連載されたもの（1994-1995）を元にしている。
12 生命における自己言及とフレーム問題の接続は、郡司ペギオ幸夫（2006）『生命理論』哲学書房、参照。

3 イワシ

1 Matsuno, K (1989) *Protobiology: Physical Basis of Biology,* CRC Press; 郡司ペギオ幸夫、オットー・E・レスラー、松野孝一郎（1997）『内部観測——複雑系の科学と現代思想』青土社；Gunji YP (1994) Autonomic life as the proof of incompleteness and Lawvere's theorem of fixed point. *Applied Mathematics and Computation,* 61: 231-267; Gunji YP, Ito K and Kusunoki Y (1997) Formal model of internal measurement: alternate changing between recursive definition and domain equation. *Physica D,* 110: 289-312.
2 太平洋の真ん中でイワシが今現在も泳いでいるという生き生きとした感覚は、イワシの経験的知識を一般化するだけでは決してもたらされない。
3 内海健（2015）『自閉症スペクトラムの精神病理——星をつぐ人たちのために』医学書院。
4 ジャン゠クロード・シュミット（1998）『中世の迷信』松村剛訳、白水社。
5 両眼視差で立体視が可能となることを、奥行きの手がかりなしに実験的に示したものとして、Julesz B (1960) Binocular depth perception of computer-generated patterns. *Bell System Tech. J.,* 39: 1125-1162.
6 De Gelder B and Vroomen J (2000) The perception of emotions by ear and by eye. *Cognition and Emotion,* 14: 289-311.
7 Searle J (1980) Minds, Brains, and Programs. *Behavioral and Brain Sciences,* 3: 417-

9　金子みすゞ著、矢崎節夫選（1995）「すずめのかあさん」『明るいほうへ――金子みすゞ童謡集』所収、JULA出版局。

10　Baron-Cohen S, Leslie AM, Frith U (1985) Does the autistic child have a "theory of mind"? *Cognition,* 21: 37-46.

11　芥川龍之介（1916）「手巾」Kindle版。Amazon Services International, Inc.

12　McCarthy J and Hayes PJ (1969/1981) Some philosophical problems from the standpoint of artificial intelligence. in: *Readings in Artificial Intelligence,* 431-450.

13　Chatfield K, Simonyan K, Vedaldi A and Zisserman A (2014) Return of the devil in the details: Delving deep into convolutional nets. in: *Proceedings of BMVC* ; Mahendran A and Vedaldi A (2016) Visualizing deep convolutional neural networks using natural pre-images. *Int J Comput Vis,* 120: 233-255.

14　Brown AS (2004) *The Déjà vu Experience.* Psychology Press.

15　郡司ペギオ幸夫（2018）『生命、微動だにせず――人工知能を凌駕する生命』青土社。

2　サワロサボテン

1　例えば、クリストフ・コッホ（2014）『意識をめぐる冒険』土谷尚嗣、小畑史哉訳、岩波書店；マルチェッロ・マッスィミーニ、ジュリオ・トノーニ（2015）『意識はいつ生まれるのか――脳の謎に挑む統合情報理論』花本知子訳、亜紀書房；前野隆志（2010）『脳はなぜ「心」を作ったのか――「私」の謎を解く受動意識仮説』ちくま文庫、など。

2　デイヴィッド・J・チャーマーズ（2001）『意識する心――脳と精神の根本理論を求めて』林一訳、白揚社。

3　Clark A and Chalmers D (1998) The extended mind. *Analysis,* 58(1): 7-19など、心を外部に拡張するにせよ、それは自らが欲して拡張する心である。

4　アリゾナ大学の意識科学研究所が主催する、意識科学に関する国際会議で隔年開催。中心となるのはかつてロジャー・ペンローズと量子脳理論を提唱したスチュアート・ハメロフである。

5　ツーソンにおける一人称の徹底と一人称の三人称化は、うまく棲み分けられ論争にはならないようだ。前者はChalmers DJ (2007) Naturalistic dualism. in: Velmans M and Schneider S, eds. *The Blackwell Companion to Consciousness.* Blackwell Pub Ltd, 359-368やSilberstein M and Chemero A (2015) Extending Neutral Monism to the Hard Problem. *J Cons Stud,* 22: 181-194の議論に見られるように、クオリアの摑もうとすると逃げる様を問題とし、後者はBalduzzi D and Tononi G (2009) Qualia: the geometry of integrated information. *PLoS Comput Biol,* 5: e1000462

引用文献・註

※本文中、同じ参照番号がくり返される場合は番号に（　）を付した。

※原書と日本語訳ないし参照した新版の刊行が10年以上離れているものについては、刊行年を（原著／翻訳）と表記した。

1　マネコガネ

1　松尾豊（2015）『人工知能は人間を超えるか――ディープラーニングの先にあるもの』角川EPUB選書；ジェイムズ・バラット（2015）『人工知能――人類最悪にして最後の発明』水谷淳訳、ダイヤモンド社。

2　一般に言われる自然知能とはPăun G (2002) *Membrane Computing: An Introduction.* Springer; Beyer H-G (2001) *The Theory of Evolution Strategies,* Springer; Adleman LM (1998) Computing with DNA. *Scientific American,* 279(2): 54-61など、主として自然界に存在する生体分子を計算資源に用いて計算する知性のことであろう。

3　中村恭子、郡司ペギオ幸夫（2018）『TANKURI――創造性を撃つ』水声社。外部を受け容れ創造する知性を、TANKURIでは藝術に定位して論じている。

4　Nakamura K and Gunji YP (2018) Entanglement of 'art coefficient' or creativity. *Foundations of Science*（印刷中）ではマルセル・デュシャンの「クリエイティブ・アクト」（*The Creative Act,* 1957）における意図と実現のギャップの意味を内部観測の視点から論じている。
https://www.brainpickings.org/2012/08/23/the-creative-act-marcel-duchamp-1957/

5　Turing AM (1936) On Computable Numbers, With an Application to the Entscheidungsproblem. *Proceedings of the London Mathematical Society,* s2-42: 230-265.

6　マーヴィン・ミンスキー（1990）『心の社会』安西祐一郎訳、産業図書。

7　クロード・レヴィ＝ストロース（1962/1976）『野生の思考』大橋保夫訳、みすず書房。ここでは「とりあえず置く」ことをブリゴラージュというが、一・五人称の余白と異なり、置くべき空間が用意されている。

8　Riva G, Gaudio S and Dakanalis A (2015) The neuropsychology of self-objectification. *European Psychologist,* 20: 34-43では、身体の一人称的描像（自分の頭の位置から見た身体）と三人称的描像（任意の位置から見ることのできる身体像）間で絶えず修正・変換していると述べている。

郡司ペギオ幸夫（ぐんじ・ぺぎお・ゆきお）

一九五九年生まれ。東北大学理学部卒業。同大学大学院理学研究科博士後期課程修了。理学博士。現在、早稲田大学基幹理工学部・表現工学専攻教授。著書に、『生きていることの科学』（講談社現代新書）、『時間の正体』（講談社選書メチエ）、『生命、微動だにせず』（青土社）、『群れは意識をもつ』（ＰＨＰサイエンス・ワールド新書）ほか。共著に、『内部観測』（青土社）、『ＴＡＮＫＵＲＩ』（水声社）など多数。

天《てん》然《ねん》知《ち》能《のう》

二〇一九年　一月一〇日　第一刷発行
二〇二四年　四月一五日　第一〇刷発行

著者　郡《ぐん》司《じ》ペギオ幸《ゆき》夫《お》

発行者　森田浩章
発行所　株式会社　講談社
東京都文京区音羽二丁目一二―二一　〒一一二―八〇〇一
電話（編集）〇三―五三九五―三五一二
（販売）〇三―五三九五―五八一七
（業務）〇三―五三九五―三六一五

装幀者　奥定泰之
本文データ制作　講談社デジタル製作
本文印刷　株式会社新藤慶昌堂
カバー・表紙印刷　半七写真印刷工業株式会社
製本所　大口製本印刷株式会社

KODANSHA

定価はカバーに表示してあります。

ISBN978-4-06-514513-5　Printed in Japan　N.D.C.110　250p　19cm

講談社選書メチエ　刊行の辞

書物からまったく離れて生きるのはむずかしいことです。百年ばかり昔、アンドレ・ジッドは自分にむかって「すべての書物を捨てるべし」と命じながら、パリからアフリカへ旅立ちました。旅の荷は軽くなかったようです。ひそかに書物をたずさえていたからでした。ジッドのように意地を張らず、書物とともに世界を旅して、いらなくなったら捨てていけばいいのではないでしょうか。

現代は、星の数ほどにも本の書き手が見あたります。読み手と書き手がこれほど近づきあっている時代はありません。きのうの読者が、一夜あければ著者となって、あらたな読者にめぐりあう。その読者のなかから、またあらたな著者が生まれるのです。この循環の過程で読書の質も変わっていきます。人は書き手になることで熟練の読み手になるものです。

選書メチエはこのような時代にふさわしい書物の刊行をめざしています。

フランス語でメチエは、経験によって身につく技術のことをいいます。道具を駆使しておこなう仕事のことでもあります。また、生活と直接に結びついた専門的な技能を指すこともあります。

いま地球の環境はますます複雑な変化を見せ、予測困難な状況が刻々あらわれています。

そのなかで、読者それぞれの「メチエ」を活かす一助として、本選書が役立つことを願っています。

一九九四年二月　　野間佐和子

MÉTIER

- 日本語に主語はいらない　金谷武洋
- テクノリテラシーとは何か　齊藤了文
- どのような教育が「よい」教育か　苫野一徳
- 感情の政治学　吉田　徹
- マーケット・デザイン　川越敏司
- 「社会《コンヴィヴィアリテ》」のない国、日本　菊谷和宏
- 権力の空間／空間の権力　山本理顕
- 地図入門　今尾恵介
- 国際紛争を読み解く五つの視座　篠田英朗
- 易、風水、暦、養生、処世　水野杏紀
- 丸山眞男の敗北　伊東祐吏
- 新・中華街　山下清海
- ノーベル経済学賞　根井雅弘編著
- 日本論　石川九楊
- 丸山眞男の憂鬱　橋爪大三郎
- 危機の政治学　牧野雅彦
- 主権の二千年史　正村俊之

- 機械カニバリズム　久保明教
- 暗号通貨の経済学　小島寛之
- 電鉄は聖地をめざす　鈴木勇一郎
- 日本語の焦点　日本語「標準形《スタンダード》」の歴史　野村剛史
- ワイン法　蛯原健介
- MMT　井上智洋
- 快楽としての動物保護　信岡朝子
- 手の倫理　伊藤亜紗
- 現代民主主義　思想と歴史　権左武志
- やさしくない国ニッポンの政治経済学　田中世紀
- 物価とは何か　渡辺　努
- SNS天皇論　茂木謙之介
- 英語の階級　新井潤美
- 目に見えない戦争　イヴォンヌ・ホフシュテッター　渡辺　玲訳
- 英語教育論争史　江利川春雄
- 人口の経済学　野原慎司

講談社選書メチエ　心理・科学

MÉTIER

「私」とは何か　浜田寿美男
記号創発ロボティクス　谷口忠大
知の教科書 フランクル　諸富祥彦
来たるべき内部観測　松野孝一郎
「こつ」と「スランプ」の研究　諏訪正樹
意思決定の心理学　阿部修士
フラットランド　エドウィン・A・アボット　竹内　薫訳
母親の孤独から回復する　村上靖彦
こころは内臓である　計見一雄
AI原論　西垣　通
魅せる自分のつくりかた　安田雅弘
「生命多元性原理」入門　太田邦史
なぜ私は一続きの私であるのか　兼本浩祐
養生の智慧と気の思想　謝心範
記憶術全史　桑木野幸司
天然知能　郡司ペギオ幸夫
事故の哲学　齊藤了文

アンコール　ジャック・ラカン　藤田博史・片山文保訳
インフラグラム　港　千尋
ヒト、犬に会う　島　泰三
発達障害の内側から見た世界　兼本浩祐
実力発揮メソッド　外山美樹
とうがらしの世界　松島憲一
南極ダイアリー　水口博也
ポジティブ心理学　小林正弥
地図づくりの現在形　宇根　寛
第三の精神医学　濱田秀伯
機械式時計大全　山田五郎
心はこうして創られる　ニック・チェイター　高橋達二・長谷川　珈訳
恋愛の授業　丘沢静也
人間非機械論　西田洋平
〈精神病〉の発明　渡辺哲夫